달콤 · 시큼 · 씁쓸 · 짭짤

도쿄 유학길에서 맛본 인생의 참맛

당신의 인생은 어떤 맛인가요?

꿈을 안고 떠난 도쿄에서의 365일 청춘일기

도쿄는 꿈맛

하나의 꿈 네 개의 맛 열 개의 감정 수십의 사람 수백의 일상

꿈을 안고 떠난 도쿄에서의 365일 청춘일기

도쿄는 꿈맛

허안나 찍고 쓰고 그리다

랜덤하우스

머리말

우리의 일상과 똑같은,
그냥 일본에서 한번 살아 본 한 사람의
시시콜콜한 잡담

누구나 어렸을 때 한 번쯤 '영재 났다'라는 소리를 들어 봤을 것이다. 나 또한 예외는 아니었다. 나름대로 공부도 그럭저럭, 그림도 그럭저럭, 누가 가르쳐 주지 않아도 척척 해 내며 영재라는 소릴 듣고 자랐다. 사실 따지고 보면 그렇게 뛰어나게 잘한 것도 없었는데 주변에서 쏟아지는 칭찬에 괜스레 내가 대단한 사람이라도 된 것처럼 이것저것 다 잘해 보려고 손을 댔던 것 같다. 그 결과, 무난하고 안전한 길을 걸으며 뭐든 고만고만, 그럭저럭, 보통 이상은 유지하며 잘 살았다.
하지만 질풍노도의 정점을 찍는다는 열아홉이 되고 난 후, 수능을 두 달 앞두고 난 진로를 바꿨다. '그림'으로. 이과생이었던 나는 어떻게든 그림을 그릴 수 있는 학과를 찾아 대학에 들어갔다. 하지만 문제는 그때부터였다. 대학만 들어가면 인생이 순탄대로라고 생각한 철없는 고등학생에 불과했던 나는, 대학에서 현실을 맛보며 적성에도 안 맞는 프로그래밍에 지쳐 가고 있었다. 물론 디자인 수업도 있긴 했지만 극히 일부에 불과했다. 결국 점점 학과 공부에서 정을 떼고 있는 나를 발견했다. 이대로는 위험했다. 자칫 잘못하면 수많은 F 딱지를 면하지 못하고 학교를 그만두는 지경에 이를 것 같았다. 탈출구가 필요했다. 그래서 고개를 돌린 곳이 '일본'이다. 도쿄. 그곳이라면 괜찮을 것 같았다.
영어가 싫어서 핑계 삼아 해 오던 일본어 독학도 어느 정도 탄력을 받은 상태였다. 외국이라도, '일본'이라면 덜 무서울 것 같았다. 하지만 무작정 일본에 가겠다고 부모님께 말씀드릴 용기가 나지 않았다. 아무 계획 없이는 허락해 주시지 않을 게 분명했다. 구실이 필요했다. 그래⋯⋯, 애니메이션! 일본 하면 애니메이션이지! 학교 영상 소모임에서 자력으로 3분짜리 애니메이션을 완성하고는 3시간짜리 영화를 만든 것처럼 들떠 있었던 때가 떠올랐다. 일본에서 애니메이션을 배우는 거야. 물론

일단 가 보고 나서 결정할 일이긴 하지만, 이 구실로 엄격하신 부모님께도 한 번에 OK 사인을 받을 수 있었다. 휴학계를 내고 일본에 갈 자금을 마련하기 위해 작은 회사에 입사해 꼬박 1년 동안 돈을 벌었다. 내가 과연 그 큰돈을 마련할 수 있을까. 1년 동안 수도 없이 되묻기를 반복했다. 하지만 해 냈다. 이미 유학 계획의 절반은 성공한 셈이었다. 적어도 그때는 그렇게 생각했다.
그렇게 충동적으로 또 계획적으로, 애니메이션이 하고 싶어서 일본에 갔다.
아니, 정확히 말하면 조금 내 멋대로 살고 싶어서 일본에 갔다.
'일탈'이 필요했다. 그것도 아주 장기적인.
얼굴도, 성격도, 공부도, 그림도, 악기도, 사진도, 글쓰기도 뭐든지 고만고만한 내 인생에서 무언가 특별한 그 어떤 것을 발견하고 싶었다. 그곳이 일본이라면, 도쿄라면 꼭 찾아낼 수 있을 것 같았다. 나의 조용한 발악을 자유롭게 풀어 주기 위해 떠난 것이다.

   그 '발악'을 이 책에 풀어내는 데 1년이 넘는 긴 시간이 걸렸다. 불과 몇 년 전 일이지만, 이미 안개가 자욱하게 끼어 버린 내 기억세포들을 뒤지고 또 뒤졌다. 거창한 계획이나 화려한 이력 따위는 없다. 그저 난 일본에서 '자취'를 했을 뿐이다. 평범하고 담담하게, 마냥 행복하지만은 않은 우리의 일상과 똑 같은. 그냥 일본에서 한번 살아 본 한 사람의 시시콜콜한 잡담에 불과하다.
하지만 난 이 이야기들을 모두에게 전달하고 싶었다. 세상엔 꼭 거대하고 성공적인 활기찬 유학기만 있는 것은 아니라는 것을 얘기해 주고 싶었다. 오랜만에 만난 친구에게 내가 그간 어땠는지 넋두리를 늘어놓듯, 과시하고 싶은 상대에게 과장해서

무용담을 들려주듯, 때로는 수다스럽게 때로는 조곤조곤하게. 하나씩 하나씩 내 일상을 이야기하고 싶었다.

별로 특별할 것 없는 얘기를 그럴싸하게 만들어 내는 과정에서 많은 시행착오를 겪기도 했다. 이런 이야기를 책이라는 공간 안에 담아내도 되는 것일까. 과연 사람들이 내 얘기에 귀를 기울여 줄까. 불안하고 초조했다. 하지만 조금씩 천천히 내 이야기들의 매듭이 지어지는 것을 지켜보면서, 생각의 변화가 생겼다.

'유학기'도 그냥 '사는 얘기'와 다르지 않다는걸.
이 책을 읽을 그들의 이야기와
이 책 안의 내 이야기가 다르지 않다는걸.
같이 울고, 욕하고, 화내고 또 웃으면 그만이라는걸.
부디 나의 특별하면서도 지극히 평범한 이 이야기들이
단 한 음절만이라도 어느 누군가의 가슴엔 '찌릿' 하고
전율이 일게 할 수 있기를 감히 기대해 본다.

 Thanks to...

이 책을 쓰는 동안 나의 정신적 지주가 되어준 우리 가족. 그리고 일본에서 향수병에 쓰러져 갈 때 날 구원해 준 구쟁, 비타, 양주, 작은애 너무 고맙고, 갑작스러운 부탁도 흔쾌히 받아 준 도모코와 미호, '레아레아' 정보를 제공해준 도모미 정말 고마워~. 슬럼프에 빠질 때마다 용기를 북돋아준 덴버 씨 정말 고마워요. 이 외에도 책 언제 나오느냐며 나만큼 걱정해주고 기다려준 모든 사람들에게 감사의 인사를 전합니다. 생애 첫 출판을 할 수 있게 도와주신 랜덤하우스 출판사와 우현진 팀장님, 그리고 송혜진님 너무 고생 많으셨습니다. 감사합니다.

머리말

contents

004 머리말
012 프롤로그

도쿄 생활 팁
036 외국인 등록 할 때는!
037 우체국 통장 만들기
047 ALA는?
049 레벨 테스트
125 아르바이트를 하려면?
266 병원에 가려면?

안나의 동네 한바퀴
102 이이다바시
200 시부야 / 하라주쿠 / 시모기타자와
302 공원 편
398 도쿄 외곽 편

Part 1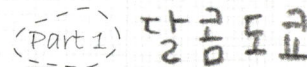

023 단체 출국의 나쁜 예
031 시작
034 끝나지 않은 단체 출국의 폐해
038 타박타박 동네 산책하기
044 컬처 쇼크 1: 스미마셍
048 레벨 테스트
050 한자는 내 운명
052 안녕, 피에르 상
056 산보
062 땡땡이 영화 관람
067 서점
068 컬처 쇼크 2: 자전거
072 도쿄 고양이
076 겨울나기
080 컬처 쇼크 3: 보일러
084 새벽에 만난 고양이
094 고다쓰 로망
096 딸기 농장

(Part 2) 시큼 도쿄

- 110 백수 생활 청산하기
- 114 두근두근 면접 보기 1
- 117 두근두근 면접 보기 2
- 120 주방 아르바이트 1
- 127 주방 아르바이트 2
- 133 까칠한 오카상과의 만남
- 136 두고보자! 수위 아저씨
- 138 영어 공부의 필요성
- 144 레이닝 도쿄
- 148 컬처 쇼크 4 : 두 번 사과하기
- 152 슈크라토의 망언
- 158 워터 플리즈
- 160 새 식구
- 162 거인이 아니야
- 168 피터의 반전
- 170 먼 나라 이웃 나라
- 176 문화 전쟁
- 178 우리의 소원은 통일
- 180 숟가락
- 182 명란젓
- 185 도쿄의 봄
- 186 배구 대회
- 190 회식
- 192 엄마의 날
- 199 낫토 도전

Part 3 쏠쏠도쿄

- 210 로망이 생기다
- 212 하코네&맥주 공장
- 218 일편단심 피에르 상
- 220 또 실연이다
- 222 단골
- 226 피에르 상의 부재
- 230 제자리걸음
- 232 도시락은 뱃살이 되어
- 234 초콜릿 중독증
- 236 다이어트
- 240 중국인 아니거든요
- 246 염색
- 250 수다의 온기
- 252 미타마 축제
- 256 먹이 찾아 삼만리
- 258 병마와 싸우다 1
- 263 병마와 싸우다 2
- 267 참치야
- 269 다카하시 할배
- 274 전문학교의 실체
- 278 세리 상의 낚시질
- 279 반성은 금물
- 280 조센징, 그리고 독도
- 286 향수병
- 288 그리운 마음
- 290 야구 팬 되다
- 292 약발
- 294 치안 유지
- 298 잡생각
- 300 인간관계

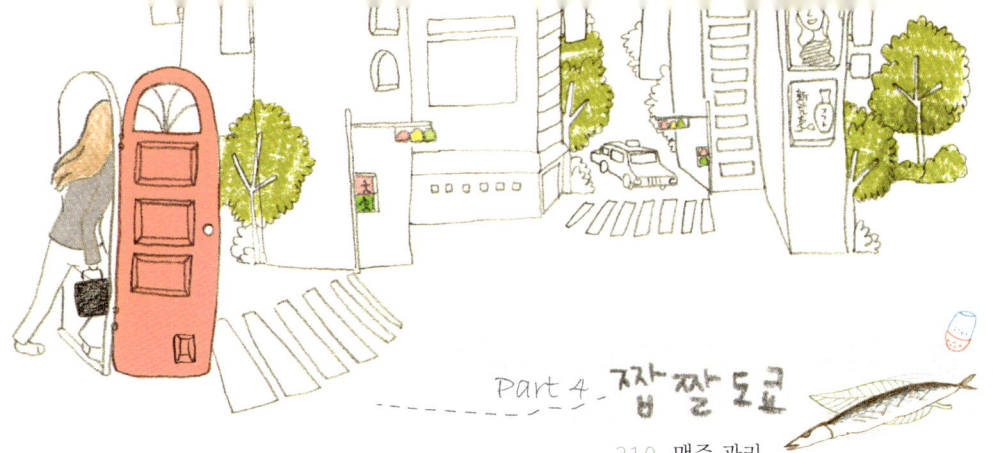

Part 4 잠깐 도쿄

- 310 맥주 관리
- 312 키티 짱
- 318 온천욕
- 322 에리코 짱
- 326 후쿠오카 소녀
- 328 가구라레응
- 338 가토 선생님 댁
- 346 달과 나와 냉장고
- 348 정치만담
- 351 꿈
- 352 향수병 치료 1: 요코하마
- 358 향수병 치료 2
- 360 술 한 잔
- 362 디즈니 시
- 364 나카노 파티
- 368 안녕하세요
- 374 쉼표를 꺼내다
- 376 종강파티
- 378 D-10
- 380 도쿄 타워
- 384 잘 있어요, 오카상
- 388 고마워, 모두
- 392 시작을 돌아보다
- 394 귀국

- 410 에필로그
- 412 부록

 프롤로그

점점 출국 날짜가 가까워 오자,
날짜가 지남에 따라 욱신욱신, 심장이 쑤셨다.
내가 괜한 짓을 벌이는 걸까?
왜 일본에 가기로 한 거였지?
어느새 의미도 없는 본질 찾기에 매달리고 있었다.

삐뚤빼뚤 달력에 표시해 놓은 빨간 동그라미를 멍하니 바라보다,
눈을 질끈 감았다.
괜찮아, 괜찮을 거야.

창문을 열고 시큰한 새벽 냄새를 훅, 맡고 나니,
욱신욱신, 쑤시던 심장의 아릿함도
두근두근, 기분 좋게 박자를 맞추고 있었다.

프롤로그

도쿄는 꿈맛

달콤도쿄
あまい東京

도쿄는 꿈맛

달콤도쿄

그러나
이런 설렘도 잠시뿐......

도쿄는 꿈맛

단체 출국의 나쁜 예

편하게 가려고 덜컥 단체 출국을 신청한 것이 화근이었다. 인천공항에서 처음 만난 불친절한 인솔자의 태도에서부터 감정이 상하기 시작한 데다, 일본에 도착해서는 어떤 일을 하든 간에 기다리는 시간이 항상 한 시간 이상이었다. 길게는 다섯 시간까지도 기다려 봤다. 멍하게 천장만 바라보며 시간을 보내야 했던 휴대폰 개통 과정은 내 인생 최고의 인내심 테스트로 등극되었다.

유일하게 단체로 움직이지 않아서 순조롭게 진행된 외국인 등록 과정을 제외하고는 모두 '단체'라는 이름 아래 자꾸만 내 순서가 미뤄졌다. 이보다 더욱 나를 화나게 했던 것은 필요할 때마다 사라지는 인솔자들이었다. 단지 장소에 대한 간단한 설명만 하고 출석 체크를 한 뒤 홀연히 사라지는 그들에게 그래도 수고하셨다며 열심히 머리를 조아리는 내 인사값이 다 아까울 지경이었다. 희망찬 유학 생활을 결심하고 일본에 도착한 순간부터 계속해서 날 짜증의 구렁텅이에 밀어 넣었던 단체 출국 제도는 그 누구에게도 추천하고 싶지 않다. 그러나 첫날부터 호되게 인내하는 법을 일깨워 준 그들 덕분에 앞으로 있을 고난과 역경 속에서 좀 더 잘 버텨 나갈 수 있는 인내심과 끈기를 배울 수 있지 않았나 하고 나름대로 위로한다.

리무진 기다리는데 한 시간.

픽업 기다리는데 한 시간.

계약서 쓴 지가 언젠데
데려다주기까지 한 시간 반.

도쿄는 꿈맛

도쿄는 꿈맛

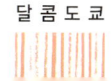

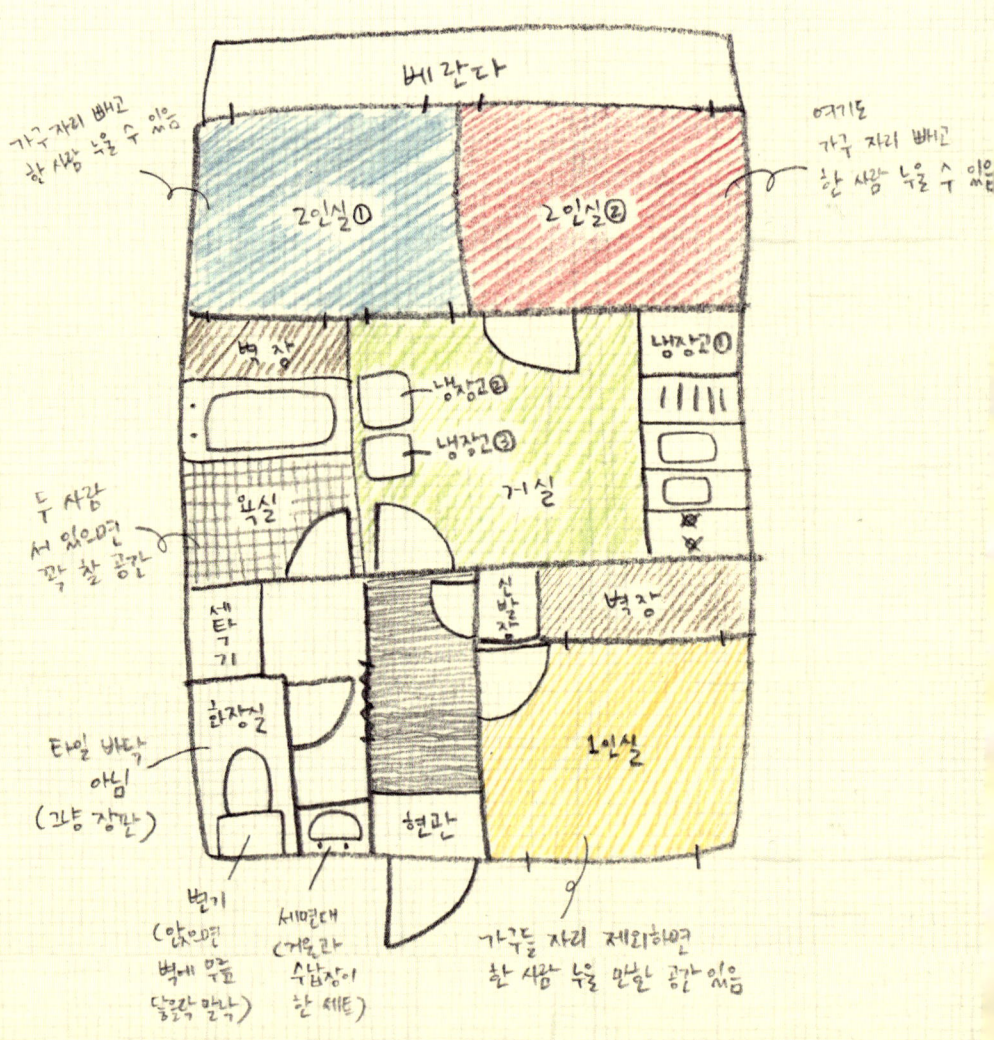

안나의 하우스메이트들

수경이

우리 집 방장을 도맡아하는 살림꾼.
아르바이트면 아르바이트, 공부면 공부,
놓치는 것 없이 충분히 일본 생활을 즐기고 있다.
우리들의 정보통.

윤정 언니

나보다 무려 세 살이나 많지만
절대 동안을 자랑하는 대장 언니.
나와 같은 유학원을 통해 단체 출국도 함께했다.
우리의 정신적 지주!

미경이

나와 동갑이지만 1월생이라
나보다 1살 많은 수민 언니에게도
반말을 하는 묘한 관계.
입버릇은 "내일부터 다이어트".
혼자 힘으로 전문 학교에 진학해서
학비까지 부담하고 있는 강철녀.

수민 언니

미경이와 나와 셋이 모이면
묘한 관계가 된다.
일본에 온 지 두 달 만에 나와 비슷하게
10kg가량 쪄서 '다이어트'를 입에 달고 살지만
전혀 실천하지 않는다.
부산 사투리를 귀엽게 쓰는
핑크 트레이닝복 소녀.

도쿄는 꿈맛

시작

생각보다 커다란 방 크기에 놀라면서 짐을 풀었다. 창문도 커다랗고, 벽장도 꽤 넓어서 수납은 걱정 없을 것 같다. 천장 쪽으로 높이 달려 있는 간이 벽장은 영화 〈주온〉에 나오는 귀신을 연상시키는 탓에 선뜻 열어 보지 못했다.

태어나서 지금까지 언니나 동생하고 방을 같이 써 왔는데, 갑자기 타지에 나와 혼자 방을 쓸 생각을 하니까 괜히 쓸쓸해졌지만 온전한 내 공간이 생긴 것에 기분이 날아갈 것 같다.

한 시간가량 짐 정리를 하며 정신없이 움직이다 보니 지쳐 떨어져 아무 생각 없이 바닥에 털썩 주저앉았는데, 바닥이 너무 차가웠다. 아까부터 맨발로 방 안을 이리저리 돌아다니다 보니 어느새 발도 꽁꽁 얼어 있었다. 그제야 여긴 보일러가 없다는 것이 생각났다. 아, 일본에는 온돌이 없지! 내일 당장 100엔 숍에서 털 슬리퍼부터 사야겠다.

짐 정리를 끝내고 TV를 켰다. 쏟아져 나오는 광고들과 생소한 일본 연예인들의 얼굴. 말, 음악. 하나같이 생소한 것투성이였다. 나도 모르게 멍해져서는 '아…… 일본! 일본이지. 일본이었어!' 하는 생각이 들며 내가 일본에 왔다는 것이 실감 나기 시작했다.

뭐야, 정말 하루 종일 정신을 쏙 빼고 있었구나. 그래, 일본이야! 드디어 지긋지긋한 서울에서 벗어났다고!

완벽한 자유다. 며칠 후면 학교 레벨 테스트도 받고, 새로운 사람들을 만나고, 엄청난 일들을 겪게 되겠지! 꼭 '엄청난' 일들이었으면 좋겠다.

빡빡한 내일의 스케줄을 위해 서둘러 세수를 하고, 새 칫솔에 새 치약을 짜내 거품을 한가득 물고 양치질하는 동안 거울을 보면서 연신 함박웃음을 지었다. 이제 진짜 시작이다.

도쿄는 꿈맛

완벽한 자유다.
　　새로운 사람들을 만나고,
엄청난 일들을 겪게 되겠지!

이제 진짜 시작이다.

달 콤 도 쿄

끝나지 않은 단체 출국의 폐해

다음 날!

↖ 정말 꽉 찬 우체국 안

통장 하나 개설하는데 두 시간.

그래, 여기까지도 참았어.

도쿄는 꿈맛

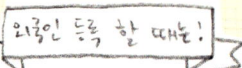
외국인 등록 할 때는!

구청에 갈 때는 아침 일찍!

관공서 일처리 속도가 느려요.

구청에선 친절한 한국인을 조심하세요!

유학생 업무 시기를 꿰고 있는 종교단체 사람들이 호시탐탐 노리고 있답니다. 낚임 주의!

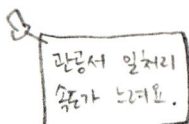
혹시 모르니 주민등록증을 챙겨 가세요!

구청에서 나올 땐 '도쿄 지도'를 챙겨 가세요!

가끔 한문 이름이 확인되지 않는 경우에 요구해요!

전세계 언어로 번역된 도쿄 지도를 무료로 구할 수 있어요. 깨알 같은 관광지 정보도 포함돼 있답니다.

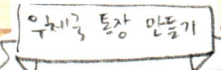

우체국 통장 만들기

쇼와 昭和?
헤이세이 平成?
응 응?

태어난 연도를 일본식으로 알아야 해요!

'서기' 보다 '연호(元號)'를
사용하기 때문에
꼭! 알아가야 해요!
예를 들어 1986년 8월 24일생인
나는 쇼와 61년!
이건 인터넷에서 쉽게
찾아볼 수 있으니까 미리 알아보세요!

한문 이름 도장 준비!

한글은 안 돼요!
일본에서 쓸 도장 일로
만듭니다.

이건 기본!

통장 만들러 갈 때
'외국인 등록증' 혹은
'외국인 등록증 발급 증명서'을
가져가야 돼요!

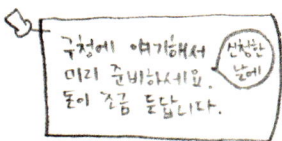

구청에 얘기해서
미리 준비하세요.
돈이 조금 듭니다.
(신분한 눈에)

타박타박 동네 산책하기

　　외국인 등록도 끝났겠다, 통장도 휴대폰도 만들었겠다, 대충 급한 일은 마무리 지었다. 이제부터 진짜 환상적으로 보내 주리라 단단히 마음먹었는데 이게 웬일! 다음 날 마법(?)이 시작되고 말았다. 매달 꼬박꼬박 생리통에 시달리는 나는 끊어질 듯 쑤셔 대는 허리와 배를 부여잡고 참을 수 없는 통증에 하루 종일 방 안에서 뒤척이기만 했다. 이틀째 되는 날, 통증도 조금 가벼워졌겠다 그동안 외국인 등록을 하느니 우체국 통장을 만드느니 핸드폰을 개통하느니 하는 이런저런 일들에 분주해 앞으로 내가 살게 될 동네를 제대로 탐방해 보지 못한 것이 생각나면서 좀이 쑤시기 시작했다. 배가 아프든 허리가 아프든 일단 나가 보자는 생각에 옷을 갈아입고 가방을 번쩍 들었다. 내내 힘들어하던 나를 보며 걱정스러워 하는 하우스메이트들에게 괜찮다고 웃음 지으며 문밖을 나섰다.

　　집 밖에 나와서 내가 한 일이라고는 걷고 걷고 걷고 걸은 거? 전날까지는 같이 입국한 언니와 함께 다녔는데 처음으로 혼자 다녀 보니까 조금 심심했다. 그러나 옆 사람에게 신경 쓰지 않고 내가 보고 싶은 것 보고 내가 가고 싶은 길로 가는 게 마음 편한 것도 사실이었다.
앞으로 내가 머물게 될 이 동네는 한국인이 별로 살지 않고 대부분의 주민이 일본인이다. 서양인도 꽤 많이 눈에 띄었다. 이태원에 있는 것처럼 발에 치이는 게 서양인이었다. 나중에 안 사실이지만 이이다바시엔 프랑스 학교가 있어서 다른 곳에 비해 프랑스인이 많이 살고 있다고 한다. 앞으로 산책하다가 서양인을 만나면 "봉주르" 하고 인사하면 되는 건가?

　　산책을 하면서 이것저것 사진에 담으려고 카메라를 들고 나오긴 했지만 손에 쥐고만 있을 뿐이다. 모처럼 마음에 드는 풍경을 만나도 셔터를 누를 수 없다. 가던 길을 멈추고 사진을 찍는 것이 이렇게까지 창피하게 느껴질 줄은 몰랐다. 지금 내가 있는 곳은 일본이고 이곳 사람들과 하루빨리 동화되고 싶은 마음에 행동 하나하나가 조심스럽다. 이리저리 두리번대고 사진

도쿄는 꿈맛

후미진 곳에 놓인 작은 우편함 하나가, 산책길을 재촉하던 내 발길을 멈추게 했다.

을 찍는 모습에 주변 사람들이 내가 외국인이라는 것을 눈치 채면 어쩌나 하는, 말도 안 되는 걱정 때문에 제대로 사진을 찍을 수 없었다. 차라리 사진작가인 척할 수 있게 커다란 DSLR 카메라가 있으면 좋으련만. 괜히 애꿎은 내 작은 디지털카메라를 노려보며 원망해 본다. 이 모든 게 아직은 어색해서 그런 것일 테지. 이제 이곳을 산책하는 시간들이 하루하루 겹겹이 쌓이다 보면 언젠가는 아무렇지 않게 골목을 누비며 예쁜 풍경들을 잘 담아 낼 수 있을 거라 기대해 본다.

도쿄는 꿈맛

이제 이곳을 산책하는 시간들이 하루하루 겹겹이 쌓이다 보면 언젠가는 아무렇지 않게 골목을 누비며 예쁜 풍경들을 잘 담아 낼 수 있을 거라 기대해 본다.

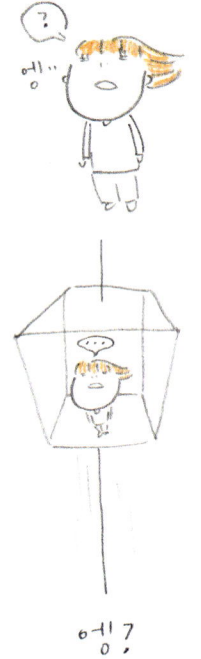

도쿄는 꿈맛

컬처 쇼크 1 ; 스미마셍

일본 사람들은 정말 '스미마셍(すみません, 미안합니다, 실례합니다)'이라는 말을 많이 쓴다. 그냥 입에 붙어 있는 것 같다. 슈퍼마켓 같은 데서 누군가 내 옆을 지나갈 때 아주 살짝 비켜주는 태도를 취하면 곧바로 '스미마셍'이나 '고멘나사이(ごめんなさい, 미안해요)'라는 말이 되돌아온다. 계산대에서 바코드를 열심히 찍는 직원의 공간이 너무 비좁아 보여서 바구니를 살짝 옆으로 치워 주었는데 그것을 본 직원이 당황하며 서너 번이나 내게 죄송하다고 사과를 한다. 단지 1센티미터가량 움직여 아주 조금 치워 준 것뿐인데도 목숨이라도 살려 준 것처럼 황송해하니 오히려 내 쪽에서 몸 둘 바를 모를 지경이다. 심지어는 횡단보도가 없는 좁은 골목에서 오토바이 한 대가 앞으로 부웅 하고 지나가는데, 내 옆을 스쳐 지나가는 그 짧은 시간에도 운전자가 "스미마셍!"이라고 소리친 적도 있다.

순간, 충격 아닌 충격을 받았다. 한국에서는 있을 수도 없는 사과 문화였다. 우리나라에서는 사과는 고사하고 오토바이가 지나가면 사람이 서는 것이 당연시되는데 여기 사람들은 그게 아니었다. 어찌됐든 나 때문에 누군가가 가던 길을 멈췄구나 하고 생각되면 바로 '스미마셍'이 입 밖으로 튀어나왔다. 정말 굉장한 습관이다. 길을 가다가 어깨를 부딪쳐도 사과 받는 일이 드문 서울 풍경과는 사뭇 다르다.

이들의 문화이니 내가 뭐라고 할 처지는 못 되지만, 매번 죄송하다고 고개 숙여 미안해하기보다는 차라리 웃으면서 고맙다고, 감사하다고 하는 것이 듣는 사람도 더 기분 좋지 않을까?

별것 아닌 일에도 죄송하다고 사과하는 그들의 자세를,
우리도 조금은 배워야 하지 않을까?

ALA는?

Academy of Language Arts 회화 중심의 학교

1. 규모가 작은 가족적인 분위기의 학교.(한 반에 10~20명으로 구성됩니다.)
2. 강압적이지 않고 자율적인 분위기.(자유를 중요시하는 외국인들에게 인기가 많습니다.)
3. 회화 위주의 수업이 중심이기 때문에 어휘 실력이 쭉쭉!
    (대신 진학률은 낮기 때문에 대학교나 대학원 진학을 위해서는 다른 학교를 추천합니다.)

+ 일본어학교는 보통 회화 중심의 학교, 진학 중심의 학교로 나뉩니다.
    자기가 일본에서 해야 할 일, 하고 싶은 일 등을 명확히 해야 학교도 정할 수 있겠죠?

+ 저는 귀차니즘이 강한 탓에 유학원을 통해 학교를 정했습니다.
    유학원에 원하는 조건을 제시하면 그 조건에 맞는 학교를 몇몇 추천해 줘요.
    그중 가장 마음에 드는 학교를 선택하면 됩니다!

+ 안나는 전문학교 진학을 목표로 한다면서 왜 ALA를 선택했냐고요?
    전문학교는 출석률 관리와 성적 관리만 잘 하면 특별한 시험 없이 입학이 가능하기
    때문에 전문학교 진학률은 별개입니다.

+ 자, 이제 학교도 정했고! 남은 것은 레벨 테스트뿐!

레벨 테스트

　　오늘은 바로바로 '아기다리고기다리던' 어학교 레벨 테스트 날이다. 전날밤 추위에 부들부들 떨며 새벽 6시까지 잠을 못 청하던 나는 동이 틀 무렵에야 겨우겨우 잠이 들었다. 9시 반에 알람 소리를 들었지만 일어날 수 없었다. 이부자리에서 뭉그적거리다가 10시 10분에야 가까스로 눈을 떴다. 11시까지 학교를 가야 했으므로 머리를 대충 감고는 말리지도 못한 채 그냥 질끈 묶고 학교로 출발했다. 학교까지는 걸어서 10분 거리라 곧 도착할 수 있었다.
전날 미리 알아 놓지 않았다면 절대 못 찾았을 법한 작은 간판에 허름한 건물이 조금은 실망스러웠다. 그러나 친절한 행정직원들과 선생님들을 만나고 나니 마음 한구석이 따뜻해졌다. 나는 가족 같은 분위기로 똘똘 뭉쳐 있는 이 자그마한 학교에 한번에 반하고 말았다.

　　레벨 테스트는 모두 두 단계로 이루어져 있다. 처음은 간단한 리스닝 테스트. 대여섯 명의 학생이 한 교실에 모여서 테이프를 듣고 시험지에 체크를 하는 방식이다. 감독하시는 선생님이 안 계셨던 관계로 약간의 커닝은 애교로 넘어갔다.
리스닝 테스트를 기반으로 한 면접 테스트가 곧바로 이어졌다. 큰 강의실에 모여 있던 사람들은 한 명 한 명씩 이름이 호명되면 각자 들어갈 교실로 안내를 받았다. 교실 안에는 서너 명 정도의 선생님과 통역을 해 줄 도우미 학생이 둘씩 짝을 이뤄서 나눠 앉아 있었다.
진땀이 나는 손을 꼭 쥐며 내 차례를 기다리는데, 드디어 이름이 호명됐다. 긴장해서 뻣뻣해진 다리를 한 발짝 한 발짝 움직이며 강의실로 향했다. 오, 이런. 나를 면접하실 선생님은 하필 할머니 선생님이시다. 아직 노인 분들의 억양은 잘 못 알아듣는데 걱정부터 앞선다. 하지만 다행히도 선생님의 억양은 꽤 알아들을 만했고, 도우미의 도움을 받아 말한 건 딱 한 번이었다. 비록 간단한 어휘밖에 구사하지 못했지만 모두 일본어로 대답할 수 있었다. 장하다, 허안나! 그동안 영화를 자막 없이 봐 왔던 게 도움이 되긴 하는구나! 결과를 기다리며 한창 긴장하고 있는데, 다행스럽게도 열심히 하라는 말과 함께 중급반으로 결정해 주셨다.

그동안 혼자서라도 꾸준히 공부해 왔는데 초급반에 들어갔으면 솔직히 많이 실망했을 것이다. 군청색 구슬 목걸이가 인상적이었던 할머니 선생님께서 날 구원해 주신 셈이다. 한국인이 많으면 어쩌나, 외국인이 많았으면 좋겠는데…… 같은 생각들이 꼬리에 꼬리를 물고 떠다니며 당장이라도 수업에 나가고 싶은 마음에 이날도 역시나 쉽게 잠이 오지 않았다.

한자는 내 운명

도쿄는 꿈맛

안녕, 피에르 상

　　외국인이 잔뜩! 진땀 뺀 레벨 테스트 결과, 내가 배정받은 반은 중급반. 어휘 실력을 높이려면 한국인보다는 외국인이 많은 게 낫다. 제발 우리 반에 외국인이 많았으면 좋겠다고 생각하다가 잠이 들었는데, 다행스럽게도 내 바람이 이뤄졌다. 외국인과 한국인의 비율이 무려 3 대 2! 어디를 가나 너무 많아 탈이라는 중국인도 우리 반엔 단 두 명뿐이었다. 스위스인 한 명, 스웨덴인 두 명, 프랑스인 한 명, 중국인 두 명, 방글라데시인 한 명, 태국인 한 명, 우즈베키스탄인 한 명, 그리고 한국인은 나까지 7명, 이렇게 모두 16명이 B2-5-1클래스.
수업 첫날부터 늦잠을 자긴 했지만 학교가 워낙 가까운 덕에 부랴부랴 준비하고 달려 나간 결과 등교 시간에 딱 맞춰 도착할 수 있었다. 일단 결과만 얘기하자면 이날 수업은 굉장히 재미있었다. 주로 아주 형식적인 문형의 대화가 이루어졌지만, 태어나서 처음으로 '일본어'로 '스위스인'인 피에르 상과 대화도 해 보고 회화 연습을 하면서 그의 취미가 산책인 것도 알았다. 내 전공은 미디어인데 그중에서 디자인을 공부했다는 것과 어렸을 때부터 만화책이나 애니메이션을 보면서 일본에 흥미를 가지게 돼서 이곳에 왔다는 이야기를 했다. 지금 살고 있는 방이 정말 춥다는 것과 동전을 쓰는데 아직 익숙하지 않아서 계산할 때 시간이 오래 걸린다는 것 등등을 다른 사람들에게 얘기할 수 있었다.

　　회화 수업은 하나의 대화문을 보고, 그 속에 있는 중요한 문법 하나를 중점으로 그때그때 즉흥적으로 선생님이 짝을 지어 준 상대와 대화를 나누는 방식으로 진행된다. 이런 방식으로 다음 질문지를 나눠 주면 그 질문지와 거기에 나오는 문법을 이용해서 프리토킹하다가 나중에 우리 반 학생 모두에게 그동안 나눈 대화의 내용을 간략히 발표하는 식이다. 수업 시간 내내 책 한 번 읽고 짝과 대화하고, 책 한 번 읽고 짝과 대화하고 이런 식이라서, 처음엔 문법에 맞는 대화를 하다가 정해진 대화가 끝나면 자연스레 프리토킹으로 이어지기 때문에 문법 연습 외에도 자기가 알고 있는 단어를 총동원해서 대화를 할 수 있다는 점이 굉장히 흥미로웠다.

특히나 태어나서 한 번도 말을 걸어 본 적이 없는 서양인들과 대화를 한다는 것이 믿기지 않을 만큼 신기하고 재밌었다. 영어가 안 돼서 한국에서는 슬슬 피하기만 했던 그들과 이곳 일본에서 일본어로 농담을 던지면서 눈을 마주치고 이야기를 하는 것 자체가 나에게는 꿈같은 일이었다. 선생님도 '일부러 만들기도 힘든 구성'이라고 말할 만큼 우리 반은 다양한 국적의 학생들로 이루어져 있었다. 모든 이들에게 호감이 갔지만, 특히나 서투른 일본어로도 특유의 여유로움과 유머 감각을 펼치는 '오리지널 유러피언' 피에르 상은 나의 관심 대상 1위. 앞으로 1년간 지속될 이들과의 인연이 자꾸만 내 심장을 뛰게 한다.

피에르 스위스
우리 반의 분위기 메이커. 유러피언의 전형을 보여 주듯 특유의 여유로움과 유머러스함으로 사람들을 들었다 놨다 한다. 스위스가 너무 심심해서 역동적인 도쿄에 왔다고 한다. 여친 플로랑스와 현재 동거 중.

피터 스웨덴
팝스타 저스틴 팀버레이크를 닮은 준수한 외모에 현란한 화법으로 언제나 주목받는 캐릭터. 하지만 개그 욕심이 너무 과하다는 단점이 있다. 한자를 외우는 것에 대한 강박관념이 있어서 한자 한 글자를 외우는데 노트 한 페이지를 까맣게 만드는 열정을 보일 정도.

슈크라토 우즈베키스탄
우리 반의 유일한 아저씨. 자식 같은 사람들과 수업을 듣는 것이 힘들어 보인다. 무척이나 냉소적인 성격의 소유자.

이스마엘 스웨덴
머리가 벗어진 것에 컴플렉스가 있는지 항상 중절모를 쓰고 다닌다. 삿포로에 일본인 여자 친구가 있다. 피터보다 의욕이 넘치지만 그만큼의 일어 실력이 안 늘어나는 안타까운 캐릭터.

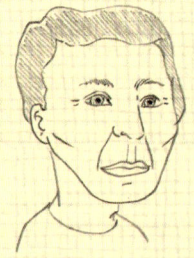

세리 프랑스
딱 보면 프랑스 공주 타입. 조막만 한 얼굴에 큼지막한 이목구비가 꽉 들어차 있어서 사람인지 인형인지 구분 안 될 정도다. 게다가 착하기까지 하다. 언제나 디지털 카메라로 반 사람들을 찍어다가 바로바로 편의점에서 인화해서 나눠 준다. 교토에 일본인 남자 친구가 있다.

ALA 학교의 클래스메이트들

아푸르 태국

아푸르는 '애플'의 일본식 발음. 얼굴이 동그래서 별명이 '사과'란다. 본명은 너무 길고 발음이 어려워서 가르쳐 주지도 않는다. 한 번 들어봤지만 외울 수가 없었다. 항상 웃는 얼굴이지만, 홈스테이 식구들과 갈등을 빚고 있어서 어딘지 모르게 어둡다.
린킨파크를 좋아하는 록앤롤 처녀.

타렉 방글라데시

타고난 노안에다가 배가 많이 나와서 애 둘 있는 아저씨인 줄 알았는데 꽃다운 스무 살이라서 반 전체에 충격을 주었다. 오다이바의 이탈리안 식당에서 주방 보조 아르바이트를 하고 있다. 항상 수업 시간에 졸다가 지적당해서 딴소리하는 것이 특기.

코 중국

중국 이름은 왕즈웨이. 일본어로 성을 읽으면 '코' 발음이라서 코 상이라고 부른다. 나이는 어리지만 남성 우월주의 사상을 가지고 있어서 항상 '남자는 원래 그렇다'는 말을 자주 쓴다. 공부는 잘하는 듯. 피터는 항상 코에게 열등감을 느낀다.

친 중국

우리 반의 패셔니스타. 미용학과를 지망하고 있는 차세대 헤어 아티스트시다. 처음엔 지저분한 노랑머리에 밀리터리룩으로 다가가기 힘든 캐릭터였지만 나중에 가선 애교 많고 붙임성 좋은 성격으로 여자들의 인기를 독차지했다.

도쿄는 꿈맛

산보

　　수업이 끝나고 모처럼 나돌아 다니고 싶은 마음에 전철을 타고 움직여 볼까 하는 생각이 든다. 그러나 몰려오는 먹구름과 잔뜩 흐린 하늘을 보니 금세 멀리 나가기 귀찮아진다. 수상(水上) 카페에서 커피나 홀짝거릴 심산으로 동네 입구까지 갔는데, 하필 그날따라 페인트칠을 새로 한다며 문을 닫은 상태다. 결국 카페를 지나서 그냥 정처 없이 강을 따라 산책을 했다.
아무런 생각 없이 그냥 물만 바라보면서 걷고 또 걷다 보니 어느새 본격적인 '산책길' 앞까지 와 있었다. 강과 철도가 한눈에 보이는 장소에 내가 걸어 온 길만큼의 가로수 길이 쭉 이어져 있다. 역시 '산책' 하면 도쿄. 중간 지점까지 걸어갔을 때 비어 있는 벤치를 발견했다. 오후 3시가 좀 넘은 시간. 중고등학생들의 하교 시간인지 여기저기 교복을 입은 학생들이 눈에 띄었다.
다들 똑같은 가방을 들고, 루즈 삭스에, 가방엔 뭔가 주렁주렁 달려 있고……. 우리나라 10대들과 마찬가지로 대화의 반이 약어, 은어, 비속어로 이뤄져 있기 때문에 대체 무슨 소리를 하는 건지 쉽게 알아들을 수 없다. 세일러복을 입은 중학생들은 길에서 만나면 너무 귀여워서 사진으로 찍어 놓고 싶은 생각이 굴뚝같지만, 잘못했다간 변태로 오해받을까 봐 자제하는 중이다. 아직까지는.
산책길의 중간 지점쯤에 벤치 두 개가 나란히 놓여 있고, 왼쪽 벤치 가장자리에 할아버지 한 분이 앉아서 하늘을 바라보고 계셨다. 오른쪽 벤치 가장자리에 앉아서 똑같이 하늘을 올려다봤다. 어느새 하늘은 구름 한 점 없이 맑아졌고, 바람이 살랑살랑 불어왔다. 나와 할아버지 앞에서 해는 점점 지고 있었다.

도쿄는 꿈맛

달 콤 도 쿄

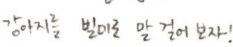

도쿄는 꿈맛

도쿄는 꿈맛

땡땡이 영화 관람

지각할 만한 시간에 일어난 것도 아니었는데 왠지 오늘은 영화를 봐야 할 것 같은 느낌이 들어 나도 모르게 어느새 시부야+로 발길을 돌렸다. 전에 야후재팬에서 봐 놓았던 영화관으로 향했다. 마침 프랑스 감독 두 명과 봉준호 감독이 합작으로 만들었다는 영화 〈도쿄(TOKYO)!〉가 개봉해 있었다. 아, 나의 영원한 청순 소녀 아오이 유우가 부르는구나!

평일 오전이라 그런지 사람이 없다. 게다가 영화관은 그 유명한 시부야 한복판에 있는데도 규모 면에서는 한국의 스펀지 하우스처럼 작은 편이다. 온통 시커멓게 칠해진 벽과 계단을 따라 내려가니 상영관이 보인다. 상영관 내부는 밖에서 보는 것과는 달리 300명 정도는 수용할 만한, 그리 작지 않은 크기였다. 나를 포함한 열댓 명의 관객이 앉은 채로 영화는 시작됐다.

혼자 온 사람은 나뿐일 거라고 생각했지만 조심스럽게 둘러보니 '여여 커플' 두 팀을 제외하면 모두 혼자였다. 참으로 놀라운 광경이었다. 혼자서 밥도 잘 먹고 다니는 일본인들이니 오죽하랴 싶었지만, 그래도 평일 오전에 생각 없는 유학생인 나를 빼고도 혼자 영화를 보러 온 사람들이 이렇게 많다니……. 알면 알수록 재미있고도 쓸쓸한 나라임이 분명하다.

프랑스 감독이 만든 영화는 중간중간 자막이 나왔는데, 매번 89% 정도 읽었을 때 사라지는 통에 대사를 100% 이해하지 못하는 아쉬움으로 자꾸만 자막에 집중하게 됐다. 영상을 감상하지 못한 것은 당연한 결과. 아쉬운 건 아쉬운 거지만, 그래도 타국에서나 느껴 보는 짜릿한 쓸쓸함이랄까.

자꾸만 놓치는 자막을 뒤로하며 생각했다. 한 공간, 한 시간 안에 적어도 나와 똑같은 것을 보고 듣는 사람이 열 명은 확보돼 있구나. 영화관이란 공간은 참 폐쇄적이면서도 눈부시다. 얼굴 한 번 마주한 적 없는 철저한 타인들이 모여 똑같은 순간에 울고 웃는, 적어도 영화를 보는 지금 이 순간만큼은 같은 생각, 같은 느낌으로 심장이 뛴다. 이런 공간이 지금은 도쿄에 있는 이곳이라는 것이 날 더욱 설레게 한다.

+**시부야** '하치코 상'과 최대 규모의 횡단보도를 자랑하는 곳. 온갖 백화점과 상점으로 꽉꽉 들어차 있는 쇼핑의 중심지다.

도쿄는 꿈맛

창문 하나 없는 답답한 지하의 공간에
철저한 타인들이 모여앉아
똑같은 것을 보며 울고 웃는다.
이것이 내가 영화관을 찾는 이유.
모르는 사이 우리 모두 소리 없는
교감을 하고 있다는 사실을,
느낄 수 있을까?

달 콤 도 쿄

서점

우리나라 서점에
도입이 시급합니다!

컬처 쇼크 2 ; 자전거

    일본 사람들이 자전거를 애용한다는 사실은 이곳에 오기 전부터 잘 알고 있었지만 일본 사람들은 정말 자전거 애호가들의 집단인 것 같다. 우리나라는 골목마다 차가 넘쳐나서 주차할 공간이 없어 난리인데, 여긴 자전거 세워 놓을 곳이 없어서 난리다. 내가 살고 있는 맨션 안에 비치된 자전거 주차장만 해도 집에 좀 늦게 귀가했다 싶으면 자리를 쉽게 찾을 수 없어서 낑낑거리며 끼워 넣을 빈틈을 찾는데 하늘의 별 따기다.

더 놀라운 건 한국에서는 보통 자전거를 탈 때 트레이닝복에 가까운 아주 편한 복장을 하는 것이 상식이지만 여기에서는 그런 상식이 통하지 않는다. 출근길에 가만히 자전거를 타고 가는 사람들을 관찰해 보면 정장을 잘 차려입은 배가 불룩하게 나온 과장님 분위기의 중년 아저씨부터 치마 정장을 멋지게 차려입은 뾰족구두의 아가씨, 무릎 위로 한참 올라가는 발랄한 교복 치마를 입은 여고생들. 한국에서 내가 생각하던 자전거를 타는 복장에서 모두들 아주 많이 벗어난 차림새를 하고 있다. 정장을 입고 자전거를 타는 것도 이해가 안 가는 건 마찬가지이지만 치마를 펄럭이며 열심히 페달을 밟는 여자들을 보고 있자면 같은 여자인 나도 눈 돌아갈 지경이다.

우리나라에서 사람들이 애용하는 자전거는 보통 스포츠용 장거리 자전거가 대부분인 반면 이곳

TIP 여기서 잠깐!

일본엔 자동차와 마찬가지로 자전거도 주차 관리를 하기 때문에 맨션마다 이곳 자전거라는 등록 스티커를 신청해서 붙여야 한다. 또한 1년에 한 번씩 갱신 기간에 맞춰서 돈을 내고 새로운 스티커를 받아야 한다. 등록하지 않은 자전거는 맨션 안에 세워 놓을 수 없다. 길거리에 무단으로 세워 놓는 자전거뿐만 아니라 전철역 앞의 주차장에도 장기간 자전거를 세워 두면 구청에서 자전거를 폐기처분하기 때문에 급한 상황이 아니라면 역 앞에 자전거를 세워 두는 일은 피하는 것이 좋다.

에서는 장바구니가 달린 일명 '어머니 자전거'가 대부분이다. 처음엔 남녀노소 불문하고 다 비슷하게 생긴 바구니 달린 자전거를 타고 다니는 것을 보고 일본이라는 나라에서는 똑같은 자전거만 찍어 내는 게 아닌가 하고 착각했을 정도다. 수염이 덥수룩한 아저씨들까지 얌전하게 생긴 '어머니 자전거'를 타고 다니는 모습이 아직은 어색해 보이는 것이 사실이지만 이 풍경에 빨리 적응하려면 나도 자전거부터 하나

사야겠다고 생각했다. 아르바이트를 시작하면 첫 번째로 살 예정! 걸어서 동네를 탐방하는 것도 재미있지만, 자전거를 타고 쌩쌩 달려 신주쿠+에도 가고 좀 용기를 내서 오다이바+까지 가 볼까. 오다이바까지 갔다간 다리가 견뎌 내지 못하고 부러지겠지만 말이다. 일단 자전거 로망을 실현하려면 아르바이트 자리부터 구하는 게 상책이다. 열심히 일한 나에게 자전거로 보상해 주리라!

+신주쿠 수많은 전철 및 버스 노선이 집중되어 미로 같은 역의 내부 구조 때문에 갈 때마다 길을 잃게 되는 곳이다. 각종 상점과 백화점, 도쿄도청이 들어서 있는 도쿄의 중심지다.

+오다이바 도쿄만에 있는 대규모 인공섬으로 '도쿄의 손꼽히는 관광지'로 빠지지 않는 곳이다. 이곳으로 들어가는 무인전차인 '유리카모메'가 유명하며, 도쿄 도심과 이곳을 잇는 '레인보우브리지'는 일본 유명 영화인 〈춤추는 대수사선2〉의 부제 및 배경으로 쓰이며 그 유명세를 과시했다.

도쿄 고양이

이 동네는 뭐 이리 고양이들이 무서울 정도로 용감한지.
최소한 사람이 쳐다보면 웅크리기라도 해야 하는 것 아닌가.
이 마을 고양이들은 쳐다보면 도망치기는커녕 오히려 날 노려본다.
위협이라고 하긴 좀 그렇지만 좀 놀라게 해도 꿈쩍도 안 한다.
고양이가 한국보다 많이 돌아다닌다는 것은 알고 있었지만
이렇게 용감할 줄은 몰랐다. 사람 무서운 줄도 모르고 길가에 널브러져서
사람 구경하는 재미에 푹 빠져 있는 것처럼 보인다.
한번은 저녁 무렵 동네 놀이터에 바람을 쐬러 나갔다가 그네 근처에서
갑자기 나타난 고양이를 보고 슬금슬금 피했을 정도다.
어찌나 똑바로 정면을 응시하는지 무서워서 친구가 될 마음을 먹을 수 없었다.
일본인들도 아직은 외계인처럼 보이는 이 시점에서 너라도 날 따스하게
맞아 주지 않겠니, 응? 고양아.

도쿄는 꿈맛

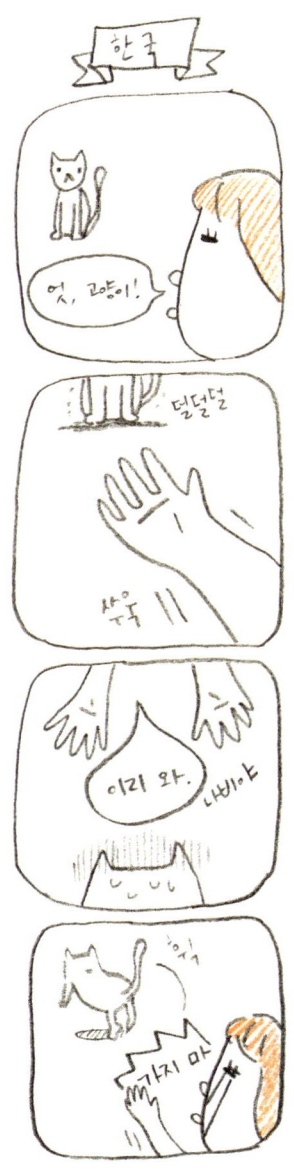

겨울나기

　　룸메이트 잘못 만나면 1년이 고달프다는 경험자들의 충고에 잔뜩 겁을 먹고 망설임 없이 1인실에 들어가기로 결정했다. 그런데 들어가 보니 방 상태가 살아 볼수록 별로라는 느낌이 든다.

일단 이 방에 설치된 온풍기의 상태가 이상하다. 베란다가 딸려 있는 2인실과 달리 방이 복도 쪽으로 나 있어서, 따로 실외기를 둘 장소가 없는 탓에 실외기가 합쳐진 온풍기를 창문을 반쯤 열어 설치해 놓은 상태다. 온풍기를 설치하면서 생긴 창문의 빈틈들은 바람막이용 스펀지들로 꽉꽉 메워져 있다. 하지만 많이 낡고 여기저기 뜯겨서 미세한 구멍들 사이로 찬 바람이 숭숭 들어온다. 때문에 온풍기를 틀어 놓아도 방 안은 그저 찬 기운과 따뜻한 기운이 공존하는 미적지근한 상태에 불과하다. 뼈마디가 굳어 가다가 키보드 치는 것조차 불가능해질 때쯤 난 2인실에 빼꼼히 얼굴을 들이밀고 일단 몸부터 녹인다. 1인실이라서 사생활 침해받지 않고 혼자서 활개 치면서 잘 먹고 잘 살 수 있을 줄 알았던 나의 환상들이 무너져 내리고 있다.

분명히 눈이 내릴 정도로 추운데 꽃이 피어 있다.
어떻게 보면 참 낭만이 가득한 도쿄!

복도 쪽으로 창이 있다 보니 사람들이 지나다니면 방 안이 모조리 노출돼서 섣불리 창문을 열어 놓지도 못하기 때문에 공기가 항상 탁하다. 게다가 성인의 허리춤까지 훤히 보이는 큰 창인데도 쇠창살이 없기 때문에 밤엔 항상 두려움에 떨다가 잠에 든다. 물론 치안이 완벽한 도쿄에서 도둑 만나기란 쉬운 일이 아니지만 말이다. 창 정면으로 다른 건물을 마주하고 있어서 통풍도 안 되고, 햇빛도 안 들어온다. 게다가 베란다가 없어서 빨래도 방 안에 어설프게 널어야 한다. 거실 건너 2인실에서 들리는 웃음소리를 들으며 상대적으로 엄청난 외로움과 쓸쓸함을 견뎌야 한다.

가장 짜증나는 점은 이런 수많은 단점들을 안고 있는데도 2인실보다 무려 1만 5000

엔이나 비싸다는 거다! 한국 돈으로 치면 20만 원 가까이 차이가 나는 이 호화로운 방에서 왜 난 이렇게 추위에 떨며 노숙자처럼 찌그러져 있어야 한단 말인가. 일본에 온 지 단 며칠 만에 추위 때문에 잠을 설치며 한국에 가고 싶다고 생각한 것이 수십 번이다. 엎친 데 덮친 격으로 가지고 온 트랜스 용량이 너무 작아 대형 전기장판의 전력을 이기지 못하고 터져 버릴 기세다. 엄마에게 전화해서 더 큰 트랜스를 일본에 보내 달라고 애원하고는 택배가 도착할 때까지 꼼짝없이 에스키모 신세를 면할 수 없게 됐다.

도쿄는 꿈맛

컬처 쇼크 3 ; 보일러

    학교에서 프리 토킹 시간에 방 안이 춥다는 얘기를 빼놓지 않고 하다 보니, 어느새 선생님을 비롯한 반 사람들 모두가 내 방이 춥다는 것을 단 며칠 만에 알게 됐다. 사실 다른 외국인들도 추위 때문에 고생하는 일이 많다고 동의했다. 스웨덴에 사는 피터가 자기 나라에선 겨울에 집안을 뜨끈하게 해 놓고 얇은 옷을 입고 다닌다고 하니까 선생님은 놀라움을 감추지 못했다. 일본인들은 겨울엔 당연히 집에서도 두꺼운 옷을 입는데 참 신기하다며 감탄을 연발한다.

잦은 지진 때문에 폭발 위험성이 높아서 일본에는 보일러를 설치하기 힘들다고 하니, 참 안타까울 뿐이다. 에너지 절약 면에서는 좋지만, 집에서만큼은 훌훌 벗어 던지고 바닥에서 뒹굴거리고 싶은 나에게 일본에서의 이 겨울은 길게 느껴질 것 같다.

그냥 민소매에 반바지만 입어도
따뜻한 한국 온돌방에 비해,

온풍기를 틀어도
따뜻한 공기가
천장에 몰려 있어서
앉아서 컴퓨터 하는 곳은

→ 귀 시려서 털모자
→ 삼중 스웨터
→ 내복 + 털 트레이닝복도 모자라 잠포를 둘러야 함
→ 양말 + 수면양말 + 털실내화

온돌이 없는 일본 집은 너무 춥다!

특이

손발이 꽁꽁 얼어 버리기 때문에
보온을 잘 해 줘야 한다.

한번 체온이 내려가면
좀처럼 오를 기미가 안 보여서

추워... → 솜이불을 발에 두르고 있거나

추워... → 손에 목도리를 감고 최소한만 노출시킨다.

따뜻 ↑
↓ 냉골

도쿄는 꿈맛

새벽에 만난 고양이

　　새벽 4시 반. 찬 기운이 스멀스멀 이불 안으로 들어오는 것을 느끼면서 결국 못 견디고 몸을 일으켰다. 타이머를 맞춰 놓았던 전기장판은 차게 식어 있었다. 멍하니 창살을 쳐다보다 옷을 챙겨 입었다. 산책이나 하고 오자.
파란 공기 냄새가 물씬 난다. 차갑고 시큰한 새벽 냄새. 머리가 맑아진다.
트레이닝복 바지를 펄럭이며 계단을 내려간다. 넬의 목소리를 들으며 걷기 시작한다. 길에는 아무도 없다.
어쩜, 동도 트기 시작했는데 이렇게까지 텅 비어 있을 수가.
혼자밖에 없다고 생각하니 영화 〈바닐라스카이〉에 나오는 텅 빈 뉴욕 거리가 떠올랐다. 아, 여긴 도쿄지.
마음 내키는 대로 아무 골목이나 들어가 본다. 방금 전까지만 해도 고급 맨션들이 즐비했는데 한 발짝 차이로 허름한 주택가로 바뀌었다.
여기저기 걸려 있는 빨래들. 가지런히 세워져 있는 자전거.
어느새 넬은 4번 트랙을 부르고 있다.
엇, 공원? 이런 구석에 공원⁺이 있었다니. 가 보자!
골목으로 들어서자, 저만치 송아지만 한 검은 개를 끌고 나오는 남자가 보인다.
에이, 조금만 더 혼자였으면 좋았을 텐데……

+공원 히가시고켄 공원[東五軒公園]. 신주쿠 구립 공원으로, 내가 살고 있는 신오가와마치[新小川町] 구석에 자리한 아주 작은 공원이다. 일본에는 동네마다 이런 크고 작은 공원들이 5~10개 남짓 구석구석 자리하고 있어, 언제 어디서든 조용하게 휴식을 즐길 수 있다.

공원은 나무로 우거져 있다. 밤에 오면 약간 무서울 것 같다. 계단 위 앉은뱅이 의자에 앉는다.
나뭇잎이 흔들리는 사각거리는 소리만 들릴 뿐, 사방이 조용하다.
새벽이란 건 역시 좋구나. 혼자하는 아침이 생각보다 즐겁다.
저 멀리서 슬쩍 보기에도 눈매가 매서운 뚱뚱한 고양이 한 마리가
제 영역에 들어온 침입자인 양 나를 쳐다보며 어슬렁어슬렁 걸어온다.

086 | 087

달콤도쿄

도쿄는 꿈맛

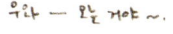

도쿄는 꿈맛

매일 이 시간에 여기에 오면 저 카리스마 고양이를 또 볼 수 있을까?
왠지 모를 흥에 겨워 나도 집으로 향한다.
언젠간 다시 만나겠지. 그때를 위해 이름을 준비해 놔야겠다.

도쿄는 꿈맛

고다쓰 로망

　　도쿄에서는 겨울에도 좀처럼 눈을 보기가 힘들다던데, 내가 오고 나니까 무슨 눈이 이렇게 내리는지……. 30년 만의 폭설이 격하게 날 맞이해 준다.
온 동네가 하얗게 변했다. 한겨울의 추위에도 길가의 가로수들은 끄떡없이 푸릇푸릇하고 꽃도 활짝 피어 있던 도쿄에 눈이 오니까 그나마 겨울다운 느낌이 난다.
그런데 이렇게 눈이 내리고 길이 미끄러우면 분명 전철도 안 다니고, 사고가 날지도 모르고……. 밖에 나가 봤자 귀찮은 일만 잔뜩 생길 게 분명하기 때문에 모처럼 눈을 맞으면서 돌아다니고 싶은 생각이 들지만 멀리 나갈 엄두도 내지 못한다.
아쉬운 마음에 근처 편의점이나 왔다 갔다 하면서 열심히 먹어 대고 있다. 이럴 때 고다쓰 하나 사 놨으면 룸메이트들 다 불러 모아서 발가락을 꼼지락대면서 귤이나 까 먹고 수다를 떨면서 재미있게 보낼 텐데! 아르바이트를 시작해서 돈을 벌면 자전거를 사고 고다쓰도 하나 장만해야겠다!
음, 생각만 해도 뜨끈한 아랫목에 앉아 있는 것처럼 온몸이 노곤해지는 느낌이다.

향긋한 딸기 향과 고소한 치즈 향,
그리고 달큰한 우유 향이 코끝을 간지럽힌다.

딸기 농장

　　우리 집 신입 멤버인 나, 윤정 언니, 수민 언니에 비해 이미 10개월 전부터 살고 있던 기존 멤버 수경이가 방장 노릇을 톡톡히 하고 있다. 다행히도 나이대가 비슷한 사람들끼리 모여 살게 된 덕분에 친해지는 속도도 빨라서 우린 매일 거실에 모여서 수다를 떨면서 웃고 떠들기 바쁘다. 항상 말로만 열심히 놀러 다닐 계획을 짜던 우리에게 방장 수경이가 어디선가 뜯어 온 광고지를 내밀며 "언니들! 우리 딸기 농장+가요! 목장도 갈 수 있어요!"라고 제안한다. 딸기 농장? 목장? 거기 가서 뭐하게? 농촌 체험인가? 다들 어리둥절해한다. 수경이의 설명을 들으니 딸기 농장에서 제한된 시간 동안 '다베호다이(食べ放題, 일정한 돈을 내고 마음껏 먹는 일종의 '뷔페'와 비슷한 개념)', 쉽게 말해 맘껏 딸기로 배를 채우고 목장으로 넘어가서 바비큐나 치즈 퐁듀 중 선택한 음식을 먹은 다음, 나머지 시간에는 목장을 자유롭게 돌아다니며 나들이 시간을 가지는 프로그램이었다. 봄이 되면 여기저기 농장과 목장이 자매결연을 하고 싼값에 이런 프로그램을 만들어서 도시 사람들에게 광고를 한다. 다른 건 그렇다 치더라도 비싼 과일값 때문에 좀처럼 먹을 수 없던 딸기를 배 터지게 먹을 수 있다는 것은 엄청난 유혹이었다. 모두들 만장일치로 농장으로 소풍 가기로 결정했다. 학교에 가서 스위스인인 피에르 상에게 자랑했더니 아니나 다를까 바비큐 말고 스위스의 전통 음식인 퐁듀를 꼭 먹어 보라고 추천하는 통에 결국 메뉴는 치즈 퐁듀로 예약했다. 달콤한 딸기와 부드러운 치즈가 기다리는 농장으로 가는 것을 생각하면 그 어떤 때보다 풍족함을 느낄 수 있는 시간이었다.

+**딸기 농장** 봄이 되면 농장과 목장 들에서 손님을 불러 모아 코스별로 즐길 수 있게 마련한 이벤트다. 지하철역의 진열대에서 쉽게 전단지를 구할 수 있으며, 전화로 신청 가능하다.

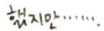

그래도 천하를 평정할 만한 맛의,
목장에서 직접 만든 요거트를 먹고
퐁듀의 아쉬움은 BYE~.

아이스크림은 더 죽인다!!
목장 우유로 만든 것임

수백의 양이 아니라 아쉬웠지만
오랜만에 동물도 많이 만나고

드넓은 초원에서 맘껏 뛰놀았다.

도쿄는 꿈맛

달콤한 우유, 따뜻한 햇살이 우리를 동심으로 이끌었고,
즐겁게 웃고 떠드는 사이 낯선 이름의 '일본'은
어느덧 우리 앞에 한 발짝 다가와 있었다.

안나의 동네 한바퀴
이이다바시

가구라자카 神樂坂 ★★★★★

교토의 축소판이라고 해도 과언이 아닐 만큼 전통적인 분위기를 간직한 예쁜 거리. 모스 버거나 도토루 같은 일반적인 체인점들은 물론이고 일본풍의 아기자기한 소품들을 파는 상점이 즐비하다. 주변 사람들에게 일본 분위기를 물씬 풍기는 선물을 하고 싶다면 꼭 한 번 들러볼 만한 곳.

🍴 JR소부센 이이다바시 역 B3 출구로 나온다.

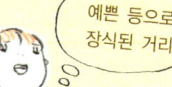
예쁜 등으로 장식된 거리

구루미 くるみ ★★★★☆

재일교포 할아버지가 운영하시는 오코노미야키 집.
가게 점원이 모두 가족들로 이루어진 따뜻한 느낌의 가게다.
바에 사람이 둘러앉으면 가게가 꽉 찰 정도로 작다.
기다리는 사람들을 위해 한편에 만화책을 잔뜩 비치해 두었다.
주문을 하면 바로 눈앞의 철판에 요리해 준다.
오래 기다렸다 먹어도 절대 후회하지 않을 만큼 두툼하고 맛있는 오코노미야키에 절로 입이 벌어진다. 한국어로 얘기하고 있으면 할아버지께서 슬쩍 한국어로 말도 걸어 주신다.

🍴 디럭스 1200엔, 구루미야키 850엔, 음료 280~480엔
🍴 런치 월~토요일 11:30~14:00, 공휴일 12:00~15:00
🍴 新宿區神樂坂 5-30
🍴 03-3269-4456
🍴 이이다바시 역 B3출구에서 오른쪽 방향으로 7분 정도 걸으면 길 건너편에 있다.

명화관 긴레이홀 名畫座 ギンレイホール ★★★☆☆

가구라자카 입구에서 옆으로 살짝 빠지는 '가구라자카 소로(小路)'로 빠져나오면 바로 오른쪽에 자리한 35년된 작은 영화관. 일본 영화보다는 오래된 외국 영화를 중심으로 상영하는 영화관이다. 한 상영관에서 두세 편의 영화를 번갈아가면서 틀어 준다. 오래된 영화를 보기 위해 일부러 멀리서 찾아올 정도로 마니아들에겐 유명한 영화관.

🐾 어른 1500엔, 학생 1200엔

모스 버거 클래식 モスバーガー クラシック ★★★★☆

한 입에는 베어 물 수 없어서 칼로 썰어 먹어야 할 정도로 커다란 버거가 이쑤시개에 고정된 채 나온다. 신선한 재료를 아끼지 않고 듬뿍 끼워 주기 때문에 일반 버거보다는 비싸지만 전혀 돈이 아깝지 않다. 아기 손바닥만 한 '그냥 모스 버거'에 질렸다면 한 번쯤 '클래식'으로 가서 배를 두둑하게 채워 보는 것은 어떨지. 진한 캐러멜 소스를 뿌려 먹을 수 있는 아이스크림 후식도 일품.

🐾 레귤러 평균 1100엔, 더블 패티 평균 1350엔
🐾 평일 11:00~22:30, 토·일요일·공휴일 11:00~22:00
🐾 東京都新宿區岩戸町7番地
🐾 03-3260-4159
🐾 http://www.mos.co.jp/company/outline/business/classic/
🐾 가구라자카 신사를 지나 첫 번째 사거리가 나오면 좌회전한 후 3분 정도 걷다 보면 오른쪽에 보인다.

CANAL카페 カナルカフェ ★★★★☆

이이다바시를 가로지르는 강 위에 유유히 떠 있는 평화로운 카페.
이 카페에 가기 위해 일부러 이이다바시까지 오는 사람들도 꽤 많을 만큼 명물이다.
식사 메뉴는 조금 비싼 감이 없지 않지만, 샐러드 바가 무한 제공되므로
한 번쯤 먹어 보는 것도 나쁘지 않다.

- 런치 메뉴 1600~2100엔   작은 배도 탈 수 있다.(11:30~16:00, 1인~3인 600엔)
- http://www.canalcafe.jp   03-3260-8068
- 평일·토요일 11:30~23:00, 일요일·공휴일 11:30~21:30
- 이이다바시 역 서쪽 출구에서 나와 강이 보이는 쪽으로 횡단보도를 건너 1분 정도 걸으면 입구가 보인다.

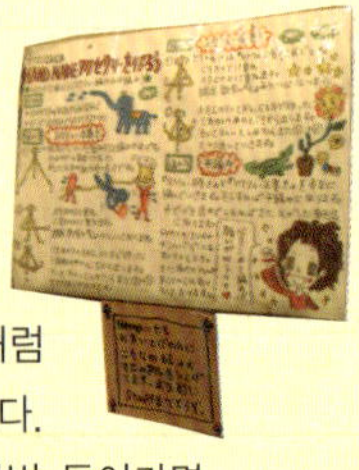

치치카카 ★★★☆☆

인도 & 히피 & 자메이카를 연상시키는
에스닉한 각종 의류, 가방, 액세서리가 보물 상자처럼
꽉 들어차 있는 숍. 전국 각지에 체인점이 퍼져 있다.
보통 수제품이 많아 가격이 비싼 편이긴 하지만 한번 들어가면
예쁜 소품들에 둘러싸여 도통 나올 마음이 생기지 않는,
나의 '완소' 숍이다.

- http://www.titicaca.jp   11:00~21:00
- 東京都文京區春日1-1-1   라쿠-아4F   03-5800-3180
- 도쿄메트로 마루노우치센 고라쿠엔 역의 도쿄돔시티,
  종합 쇼핑몰 라쿠아 4층에 있다.

빌리지 뱅가드 BOOK ★★★★★

내가 일본에 사는 동안 가장 많이 방문했던 가게다.
희귀 음반, 책, 장난감, 액세서리, 문구류 등 모든 '잡화'를 취급하는
보물 창고다. 보통 서점에서 찾기 힘든 디자인 서적이나 여행 서적 등
메말랐던 감성을 충족시킬 만한 물건이 발 디딜 틈 없을 정도로
빼곡히 쌓여 있는 것을 보면 눈이 휘둥그레질 정도다.
하루 종일 이 가게에서 시간을 때우라고 해도 가능할 것 같은 느낌.
👉 http://www.village-v.co.jp/ (온라인숍 http://vgvd.jp/vv/index.html)
👉 0120-911-790   東京都文京區春日1-1-1 ラクーア4F
👉 도쿄메트로 마루노우치센 고라쿠엔 역의 도쿄돔시티,
    종합 쇼핑몰 라쿠아 4층에 있다.

도쿄돔시티 ★★★★☆

이이다바시와 스이도바시 사이에 위치한 도쿄돔시티.
너무나도 유명한 자이언츠의 홈구장인 '도쿄돔'을 비롯해
놀이 기구를 탈 수 있는 '어트랙션', 종합 쇼핑몰 '라쿠아',
헬스장, 스파 등이 총집합해 있고, 바로 옆에는 경마장도 자리해
있기 때문에 남녀노소 불구하고 항상 사람으로 넘쳐나는 곳이다.
👉 http://www.tokyo-dome.co.jp, http://www.laqua.jp/
👉 03-5800-9999
👉 도쿄메트로 마루노우치센 고라쿠엔 역에서 바로 보인다.

90도에 가까운 경사각을 자랑하는 롤러코스터. 한 번 타 보면 눈물이 절로 날 만큼 정말 무섭다.

강가 옆을 지나는 전차를 바라보며 보내는
캐널 카페에서의 한적한 시간

106 | 107   달 콤 도 쿄

백수 생활 청산하기

　　집에서 놀고먹기를 한 달간 해 봤지만 제대로 마음먹고 놀러 나가는 날도 드물고 이러다가는 그냥 도쿄 폐인으로 전락하겠다 싶다. 분위기를 바꿔 보려고 열심히 아르바이트 자리를 찾아 나섰다. 일본에 오기 전 한국에서 1년간 웹디자인 일을 했던 경력을 살려서 그 포트폴리오를 바탕으로 비슷한 일을 할 수 있을 만한 회사에 이력서를 보냈다.
모두 두 군데 이력서를 보냈는데, 한 곳은 한국인이 사장이고 직원은 일본인인 회사였다. 도쿄 타워가 있는 롯폰기 근처의 '오나리몽'에 있는 회사였는데, 사장이 한국 사람이라 면접을 한국어로 해서 편안한 마음으로 농담도 주고받으면서 즐거운 분위기 속에서 면접을 끝냈다. 면접 내내 당장이라도 같이 일하자고 할 것 같은 반응을 보이는 사장과 작별인사를 나누고 회사를 나왔다. 하지만 일주일 뒤 돌아온 건 불합격 소식. 완벽히 뒤통수 맞은 기분이다.

그래, 뭐 집에서도 너무 멀고 직원들도 전부 아저씨 같았는데 차라리 잘됐다! 금방 마음을 추스르고 신주쿠에 있는 회사에 면접을 보러 갔다. 한류 스타들의 소식이나 한류에 관련된 이벤트 같은 것을 모바일로 홍보하는 회사였다. 다룰 수 있는 툴이나 요구하는 수준 정도가 딱 나와 들어맞았기 때문에 뽑힐 가능성이 전 회사보다는 높아 보였다. 생각보다 직원이 많았는데, 한국인과 일본인의 비율이 거의 반반으로, 나와 비슷한 나이의 사람들이 대부분이었다.

면접은 한국인 1명, 일본인 1명과 2 대 1 면접을 보았다. 둘 다 여자였고, 내 추측이긴 하지만 한국인이 상사인 것 같았다. 일본인은 그저 내 말에 고개를 끄덕이거나 무엇인가를 끼적일 뿐 내게 질문을 하지 않았다. 처음엔 한국인이 같이 면접을 보기에 내 일어 수준으로 표현 불가능한 부분은 한국어로 설명해도 괜찮겠구나 싶었지만 한국인 면접관은 일본인보다 더 나에게 일어로 말할 것을 은근히 강요했다. 내가 단어를 몰라 헤매고 있어도 일본어로 돌려 돌려 설명해 줄 뿐 한국어는 단 한마디도 하지 않았다.

다행히 내가 가져온 포트폴리오가 마음에 드는 눈치였다. 웹에 카툰을 올리고 있다는 자기소개서를 보고는 갑자기 눈을 반짝이며 좋아하기 시작했다. 그래! 일본에서도 내 그림이 먹히긴 하는구나! 속으로 쾌재를 부르며, 내가 아는 단어들을 총동원해서(아이러니하게도) 한국인 앞에서 열심히 일어로 떠들었다.

회사를 찾아가다가 길을 좀 헤매서 전화를 걸었을 땐 분명히 한국어로 친절히 길을 알려 줬으면서 굳이 인사 한마디조차 모국어로 건네지 않은 면접관이 야속했지만 뭐 어쩌랴. 난 힘없는 예비 고용자일 뿐. 많이 떨고 더듬거리긴 했지만 최대한 침착하게 대학 생활, 회사 생활, 포트폴리오에 대한 이야기들, 그리고 내 카툰에 대한 이야기들까지 꽤 긴 시간 대화를 나눈 끝에 면접이 끝났다. 마지막 인사를 나누고 홀가분한 마음에 집으로 돌아왔다.

면접이 끝나고 엘리베이터로 날 배웅해 주던 그 순간까지 끝끝내 "오쓰카레사마데시타(お疲れ様でした. 수고하셨습니다)"라고 일본어로 인사하는 한국인 면접관이 존경스럽기까지 했다. 나중에 이곳에서 근무하게 되더라도 계속 한국 사람들끼리 일본어로 이야기해야 하나 하는 쓸데없는 걱정이 들었다. 하긴 뭐, 여긴 일본이니까 그렇게 되더라도 상관없지. 아무튼 일본어 실력 하나는 팍팍 늘 것 같다.

시 큼 도 쿄

두근두근 면접 보기 1

　신주쿠 회사에서 연락이 왔다. 붙었다고? 와! 드디어 일을 시작하겠구나! 쾌재를 부른 것도 잠시, 약간의 문제가 생겼다.

회사에서 근무를 하더라도, 난 취학 비자+로 일본에 온 것이기 때문에 어학교를 의무적으로 다녀야 했고 수업은 1시에 끝난다. 그렇기 때문에 회사는 2시 반부터 7시까지 근무하게 되는데, 주5일 근무에 시급은 1000엔. 계산해 보면 한 달에 10만 엔도 안 되는 월급이다.

일본에 올 당시 3개월치 방세와 6개월치 학비만 지불하고 온 상태여서 앞으로 남은 6개월치 학비와 9개월치 방세, 그리고 매달 먹고살 생활비를 충당해야 하는 나에게는 턱없이 부족한 금액이다. 심지어 방세는, 이미 3개월치를 지불했다고 해도 그다음 3개월을 연장하기 위해서는 한 달 후에 바로 연장 계약금 1개월치 방세를 지불해야 하는 시스템이기 때문에 많은 돈이 급히 필요한 상황이었다. 이런 사실을 입국하고 나서야 알았기 때문에 2개월치 생활비만 들고 온 나는 돈 걱정을 하지 않을 수 없었다.

　　　　　　　　　　　+**취학 비자** 대학 혹은 대학원, 전문학교 등에 진학하거나 취업을 목적으로 입국하는 사람들을 위한 비자. 체류 기간 동안 의무적으로 어학교에 다녀야 한다.

① 두 달 있다가 계약금 6만 엔 (연장)
② 학비는 6개월 있다가 30만 엔
   → 그럼, 한 달에 5만 엔씩 모아야 돼!
③ 한 달 생활비 3만? → 공과금 합치면!
   풀 요응!
   캬 그럼 4~5만 엔 될 텐데
   지금 두 달치 생활비는 있으니까 PASS!!!

But, 한 달에 5만 엔 모아야 하고,
계약금 마련 6만 엔,
최소 11만 엔? 15만 엔을 벌어야 한다고!!

결국 이런저런 고민 끝에 근무 시간이 적은 회사보다는 그냥 좀 더 많이 일할 수 있는 단순 아르바이트가 수입 면에서는 괜찮겠다는 결론을 내리고 회사엔 다른 일을 구했다며 죄송하다는 인사를 전했다. 아…… 아깝다. 일본 이케맨(イケメン, '꽃미남'을 뜻하는 신조어)들이랑 하하호호거리면서 즐거운 회사 생활을 할 수 있었을 텐데…….

아쉬움을 뒤로 하고 바로 다른 일자리를 찾았다. 이번엔 집에서 멀지 않은 곳에 있는 식당이나 이자카야(선술집이나 호프집을 일컫는 말)의 서빙 자리를 노렸다. 마침 이이다바시에서 멀지 않은 가스가 역 근처의 오코노미야키 집에서 사람을 구하고 있었다. 이제 진짜 일본인과의 1대 1 면접이라고 생각하니까 엄청나게 긴장이 돼서 면접 전날 머릿속으로 열심히 상황극을 연출하느라 잠을 설치고 말았다.

두근두근 면접 보기 2

　　4시 반에 면접을 보기로 했는데 1분이라도 늦으면 좋지 않은 인상을 줄 거라는 생각에 서두르다 보니 10분이나 일찍 도착하고 말았다. 들어갈까 말까 한참을 망설였지만, 날씨가 너무 추웠고 10분을 보낼 만한 장소도 마땅치 않아서 심호흡을 한 번 크게 한 뒤, 그냥 문을 열고 들어가 버렸다. 아직 영업 시간 전이라 문은 열려 있었지만 불이 다 꺼져 있었다. 창문으로 들어오는 희미한 빛에 의지하면서 눈을 가늘게 뜨고 조심스럽게 "스미마셍" 하고 입을 떼 봤지만 인기척이 느껴지지 않았다. 다시 한 번 "스미마셍" 하고 좀 더 큰소리로 외치자 갑자기 테이블 사이에서 시커먼 그림자가 두 개 벌떡 일어나는 바람에 너무 놀라 억 소리를 내고 말았다.
영업 준비를 마치고 잠깐 눈을 붙이고 있던 직원들이었다. 그런데 문제는 그때부터였다. 단잠을 깨운 탓일까. 둘 다 엄청나게 인상을 쓰면서 뭐냐고 묻기에 그 눈빛에 잔뜩 주눅이 들어서 '멘세쓰(面接, 면접)'라고 해야 하는 걸 '멘세키(面積, 면적)'라고 잘못 말해 "면적 때문에 왔다"고 실수를 했다.
곧바로 비웃음이 날아왔다. "아~ 멘세 '쓰'?"라고 되받아친 사람이 "면접은 4시 반이 아니었나?" 하면서 시계를 본 뒤 엄청 불쾌하다는 얼굴로 날 쳐다봤다. 나중에 안 사실이지만 일본인들은 시간 약속을 지키지 않고 늦는 것뿐만 아니라 먼저 오는 것도 실례라고 생각한단다.
아니, 일본 사람들은 다른 사람들에게 심할 정도로 친절하다고 들었는데 이 사람들은 왜 이렇게 까다로운 거야. 그때부터 뭔가 잘못됐다는 생각이 들었다. 심장박동 수가 급상승하기 시작했다. 기어 들어가는 목소리로 "스…… 스미마셍……." 사과를 한 뒤 그 사람이 사장을 불러올 때까지 한쪽 구석에 찌그러져 앉아 있었다.

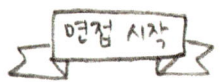

도쿄는 꿈맛

주방 아르바이트 1

　　역시나 오코노미야키 집 아르바이트는 불합격. 아예 연락조차 오지 않았다. 무심한 사람들. 긴장하면 사전 좀 볼 수 있는 거지. 그걸 가지고 떨어뜨리다니! 하긴…… 내가 사장이라도 의사소통 안 되는 아르바이트생은 쓰지 않고 싶을 거다.
하여튼, 면접의 쓴맛을 본 나는 다음 면접은 아주 철저히 준비를 해 갔다. 예상 질문들을 꼼꼼히 따져서 혼자 열심히 연습했다. 드디어 면접. 그동안 면접을 봐 왔던 경험이 좀 쌓여서 그런지 훨씬 긴장이 덜했다. 결과는 성공적!
스이도바시 역에 있는 한국 식당이었는데, 같이 사는 미경이가 서빙 아르바이트를 하는 곳으로, 마침 주방 보조 자리가 비어서 나에게 해 보지 않겠느냐며 추천을 해 줬다. 나는 바로 오케이했다. 당장 돈이 급한데 주방 일이면 어떠랴! 처음 하는 일이라 걱정스럽기는 했지만, 배우면서 하다 보면 금방 익숙해지겠지.
한국 식당이긴 했지만 점장은 일본 남자였고, 사장을 제외한 직원 및 아르바이트생들은 모두 한국인이었다. 나이대도 나와 비슷한 또래들이 많아서 친해지는 데도 무리가 없었다. 하지만 무작정 달려든 주방 일은 호락호락하지 않았다. 밀려 들어오는 주문과 복잡한 요리 순서, 세팅 순서, 헷갈리는 냉장고 안의 재료 위치, 점장의 눈치 등등 날 괴롭히는 요소들이 한두 가지가 아니었다. 영업이 끝난 후엔 주방 벽과 바닥, 구석구석 빠짐없이 락스를 뒤집어 씌워서 물청소를 하는 것 또한 만만치 않은 노동이었다. 거의 내 키만 한 도마를 들었다 놨다 하면서 락스 칠을 하는 것도 힘들었다.

　　각오는 하고 들어왔지만, 외워야 할 것들이 상상을 초월했다. 생활 일본어는 자신 있었지만 주방 용어는 단 하나도 알지 못하는 상태였다. 그나마 아는 거라곤 '사라(皿, 접시)' 정도? 학교 수업 과제나 테스트 준비도 뒤로 한 채 주방 용어와 요리 순서, 세팅 접시 및 재료, 냉장고 안의 재료 위치 등등 필기해 온 것들을 밤새 정신없이 외우다 쓰러져 잠들기를 반복했다. 하지

만 익숙하지 않은 일이라 그런지 분명히 외운 것인데도 주방에만 들어가면 뭐부터 손에 잡아야 할지 허둥지둥했다. 세팅 접시에 장식 재료를 잘못 올리거나 조미료를 다른 것을 집어넣어 맛이 이상해지는 등등 어이없는 실수의 연발이었다.

반복되는 나의 실수에 초반에 화기애애했던 점장과의 분위기는 말도 못 할 정도로 냉랭해졌다. 급기야 점장은 아예 나를 투명인간 취급하기 시작했다. 아, 앞으로 얼마나 더 이런 날들을 보내야 하는 걸까. 언제쯤 익숙해질까. 눈앞이 깜깜하다.

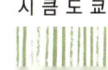

도쿄는 꿈맛

주방 아르바이트 이틀째,
죽을 거 같다.

도쿄는 꿈맛

아르바이트를 하려면?

1. 취학 비자를 가진 사람들은 '자격외활동허가서'가 필요합니다.
어학교에서 신청서를 나눠 주고 작성법도 알려주니까 쉽게 신청할 수 있어요.
보통, 허가 나는 데 2주에서 4주가 걸리기 때문에 아르바이트가 급하더라도 기다릴 수밖에 없어요!

+ 하지만 대기업 관련 업체가 아닌 이상 '자격외활동허가서'를 요구하는 곳은 드뭅니다.
  보통은 기본적인 신뢰를 바탕으로 사람을 뽑는 곳이 많습니다. 정이 좋긴 좋죠?
+ '워킹홀리데이비자'에 해당하는 사람은 허가서가 따로 없어도 아르바이트를 바로 시작할 수 있습니다.

2. 우체국 통장이 아닌, 일반 은행의 통장이 필요해요.
우체국 통장이 있다고 해도, 간혹 급여 통장의 은행을 지정하는 곳이 있습니다. 일본의 3대 은행인 'UFC(빨강)', '미즈호(파랑)', '미쓰이 스미토모(초록)' (은행 이름을 부르지 않고 색깔로 부르기도 합니다.)를 알아 두세요.

+ 특정 은행을 지정하지 않는다고 해도 우체국 통장은 급여 통장으로 잘 쓰지 않기 때문에 일반 은행의 통장이 필요합니다. 통장을 만들러 갈 때는 '외국인 등록증'이 필요하겠죠?

3. 시간 개념이 우리랑은 조금 달라요!
우리에게 '코리안 타임'이 존재하듯이, 일본에서도 이들만의 시간 개념이 있습니다. 우리는 보통 면접 시간에 맞춰 가기보다는 일찍 가는 것이 예의이지만, 일본에서는 정각에 맞춰 들어가는 것이 중요합니다. 약속 시간도 안 됐는데 괜히 일찍 가면, 준비 안 된 상황을 허둥지둥 정리시키는 꼴이 돼 버려서 눈치없는 사람으로 취급받기 십상이에요!

+ 아르바이트를 시작해서 일을 하러 갈 때는 좀 더 일찍 가서 준비하는 게 예의입니다.
  내 근무 시간이 5시부터라고 해도 옷 갈아입는 시간, 화장실 다녀오는 시간 등을 모두 계산해서 일을 시작할 수 있는 상태가 완료되는 시간이 5시가 돼야 하는 거예요.

도쿄는 꿈맛

주방 아르바이트 2

　　　문제는 일한 지 8일 만에 터지고 말았다.
"넌, 노력이 부족해."
일본어 공부를 하러 일본에 온 건지, 요리사가 되려고 일본에 온 건지 모를 정도로 학교 공부도 젖혀 둔 채 요리 공부에 매진하고 있던 나에게 점장이 어이없는 한마디를 던졌다. 인수인계 받은 날 배우지 못한 요리가 주문 들어왔는데 점장이 너무 바빠 보여서 내가 어림짐작으로 재료를 허둥지둥 찾은 것이 화근이었다. 내가 듣고 말하는 데는 어느 정도 지장이 없다는 것을 뻔히 알면서도 항상 다른 한국인 언니를 불러다가 통역을 시키는 점장의 의도를 알 수 없었다. 역시나 그날도 언니 한 명을 불러다 통역을 시키며 웃는 얼굴로 할 말 못 할 말 다 퍼부으며 내 자존심을 갈기갈기 찢어 놓았다. 그러더니 마치 내가 실수하기를 기다렸다는 듯 수납장 구석에 처박아 두었던, 여태까지 일했던 사람들의 노트를 한 아름 꺼내 안겨 주었다. 다 모아 보면 책 한 권쯤 되는 분량이었다.
"열심히 하려는 건 알겠는데, 생각만으로 일이 되는 것은 아니야."
며칠 전만 해도 내가 빼곡히 필기해 온 종이 몇 장을 들춰 보며 비아냥거리던 점장이었다. 어학교 테스트 준비도 미루고 공부해 온 요리 메모인데, 한순간에 비웃음당한 후로는 최대한 그때그때 기억해 두는 게 좋겠다 싶어 필기를 하지 않고, 머릿속에 담아 두었다. 그런데 지금 이 상황은 뭐지? 뭘 어쩌라는 거지? 머릿속이 새하얘졌다.
적당히 알았다고 대답하는 내게 마지막 정리 부탁한다며 인사를 건네고 점장은 빠른 걸음으로 퇴근했다. 항상 30분이면 끝나던 주방 청소를 멍한 상태로 하다 보니 1시간이나 걸려 끝냈다. 바닥에 엎드려 바지며 양말이며 물에 흠뻑 젖은 채로 락스 칠을 하는 내 눈에선 소리 없이 눈물이 뚝뚝 떨어지고 있었다.
'그만두자.'
느릿느릿 마무리를 하고 나니 이미 시간은 밤 12시가 훌쩍 넘어 있었다. 아직 뒷정리가 끝나지

앉은 직원들에게 인사를 하고 가게 문을 열었다. 찬바람이 훅, 하고 내 머리카락을 넘겼다. 밖은 까만 하늘을 빼곡히 뒤덮은 눈송이가 춤추듯 쏟아져 내리고 있었다.
'타이밍 한번 기가 막히네.'
눈보라 속으로 발을 내디뎠다. 몇 발짝 걷지 않았는데도 이미 볼과 귀는 얼음장이 돼 버렸다. 코끝이 시큰했다.
'내가 여기서 뭘 하고 있는 거지.'
뜨겁게 솟아오른 눈물이 차갑게 식어 가며 볼을 타고 흘러내렸다. 몸이 떨렸다. 늦은 새벽 시간, 그 눈보라 속에서도 길가에는 행인들이 꽤 많았다. 흘깃거리며 날 훔쳐보는 그들의 눈빛이 느껴졌다. 난 엄마 잃은 어린아이처럼 엉엉 소리 내 울고 있었다.
'너 고작 이런 일로 울고 있는 거야, 허안나? 바보 같으니라고.'
자책과 동시에 다짐했다.
오늘만 울자. 마음껏. 그리고 강해지는 거야.
이깟 일쯤은 아무것도 아니야.

나 엄청 밥도 잘 챙겨 먹고
하나도 안 힘들어요~
네, 걱정마세요 끊어요~.

미안해요, 엄마.
나 아르바이트
그만뒀어요.

오늘만 울자, 마음껏. 그리고 강해지는 거야. 이깟 일쯤은 아무것도 아니야.

까칠한 오카상과의 만남

마침 근처의 작은 이자카야에서 서빙 아르바이트를 구하기에 바로 면접을 봤다. 사장은 한국인이지만 거기서 사장 대신 점장급으로 일을 하고 있는 할머니가 한 분 계셨다. 면접은 다른 한국인 종업원이 봤는데, 다행히도 날 보자마자 너무 마음에 들어 해서 단번에 일을 할 수 있게 됐다.
그 종업원은 내가 일을 시작하면 다른 가게로 나가 일을 할 예정이었다. 그렇게 되면 아르바이트생을 좀 더 늘리기 전까지는 나와 점장급 할머니, 이렇게 둘이서 이자카야를 책임져야만 했다. 일본에 온 지 두 달가량 지났지만 아직도 나이 많은 아저씨나 노인 분들의 말투는 익숙하지 않아서 잘 못 알아듣는 상태였다. 그런 까닭에 할머니와 일하게 되는 것이 여간 부담스러운 게 아니었다. 게다가 한국인 종업원은 나에게 살짝 눈짓을 하며 "저 할머니는 텃세가 심하니까 살살 애교를 부리면서 잘 지내봐"라고 말한다. '애교'라고는 눈곱만큼도 찾아볼 수 없는 내 무덤덤한 성격에 참 잘도 지내겠다는 생각이 들면서 더욱 겁이 나기 시작했다. 어머니, 왜 저에게 어른 공포증을 주셨나이까!
내일부터 같이 일할 거라면서 인사를 시키는 종업원 뒤를 쫄래쫄래 따라가서는 어색하게 일본 할머니께 인사를 건넸다. "하…… 하지메마시테. '안나'토 모시마스. 요로시쿠 오네가이시마스.(はじめまして。アンナと申します。よろしくお願いします。처음 뵙겠습니다. '안나'라고 합니다. 잘 부탁드립니다.)"
최대한 웃는 얼굴로, 최대한 상냥해 보이게, 최대한 여유있어 보이게 말하려고 무척 애를 썼다. 그런데 그 할머니가 안경 너머로 날 올려다보면서 한 첫 마디는 "이런 데서 일해 본 적 있어?"였다.
"네…… 네? 아…… 한국에서 일해 본 적 있어요."
물론 거짓말이다.
"그래? 한국하고 여긴 달라. 여긴 일본이야. 여기에 맞게 일할 줄 알아야 해."

"네, 그럼요. 물론이죠. 하하하."
"흠, 일본어만 잘한다고 해서 다 되는 게 아니야. 동작이 빨라야 한다고."
"아, 네…… 네……."
"서빙이라고 해서 만든 음식을 가져다주기만 하는 게 아니고 음료 정도는 네가 만들 줄 알아야 돼. 바쁠 때는 가끔 주방에 들어와서 음식 만드는 것도 거들어야 돼. 그런 거 못 하겠다면 여기서 일할 수 없으니까 그렇게 알아."
"네……, 알겠습니다."
아이고 겁나라. 할머니와 주고받은 이 짧은 몇 마디 말에 등줄기에선 식은땀이 주르륵 흘러내렸다. 아니, 난 왜 만나는 일본인마다 다 이렇게 까칠한 거야. 운도 지지리도 없지.
영화나 드라마에서 봐 왔던 얌전하고 고상한 일본 할머니들하고는 완전히 정반대의 성격을 가지고 있던, '오카상(お母さん)'이라고 불리던 이 할머니와의 만남은 이렇게 시작됐다.

앞만 보고 나가기로 했으면서 자꾸만 반복되는 실패에 온몸에 힘이 쭉 빠져나갈 때, 되도록 아무 생각 하지 않고 동네를 산책하며 머릿속을 깨끗이 비워 냈다. 지나간 일은 그뿐이야.

두고보자! 수위 아저씨

　　방장 수경이에게 전화 한 통이 왔다. 기숙사 사무실에서 한 전화였다. 전화 통화를 하는 내내 수경이가 "저희는 아닌데요"라는 말만 반복하기에 대체 무슨 내용인가 궁금했는데, 내용인즉슨 우리가 사는 맨션에서 자전거 도난 사건이 발생했는데 수위 아저씨가 용의선상에 올린 1순위가 바로 우리라는 이야기였다. 이야, 뭐 이런 말도 안 되는 경우가 다 있나. 단지 외국인이라는, 아니 '한국인'이라는 이유로 아무런 증거도 없이 의심을 받아야 한다는 사실이 너무 어이가 없었다.

이런 일은 사실 이번이 처음은 아니었다. 쓰레기 분리수거 정신이 투철한 일본은 그 조건도 엄청나게 자세하고 까다로운데 혹시나 우리 맨션 쓰레기장에 분리수거가 잘 되지 않은 불량한 쓰레기가 등장하면 아무런 증거 없이 제일 먼저 우리가 의심당했다. 우리가 사는 집 대문에 '분리수거를 잘 해서 내놓으세요'라는 문구를 쓴 메모지가 붙어 있는 게 한두 번이 아니었다. 아무리 아니라고 손사래를 치며 얘기를 해도 돌아오는 건 '의심' 뿐이었다.

자전거 등록 갱신 기간에 조금 늦으면 마치 돈이 없어서 일부러 버틴 것 아니냐는 식의 태도는 견딜 수 없이 날 화나게 했다. 등록 비용은 1000엔인데 일부러 보란 듯이 1만 엔을 내서 9000엔의 거스름돈을 받는 유치한 방법도 써 봤지만 수위 아저씨의 의심은 사그라들 기미가 보이지 않았다.

대화로 풀어 가며 얼굴을 마주하는 시간이 길어지면 점점 경계심도 풀어지고 좀 더 가족같이 지낼 수 있을 것이라는 기대감이 무색하게도 수위 아저씨와의 기 싸움은 내가 한국으로 돌아갈 때까지 1년 내내 계속됐다.

한국에서 중국인이나 동남아시아인들에게 갖는 선입견이 있는 것처럼, 일본인에게도 이런 선입견은 존재했다. 한류문화의 유입으로 많이 인식이 달라졌다고는 하지만 아직도 꽤 많은 일본인들이 한국인을 무시하는 경향이 있다. 정확한 물증도 없이 무조건 우릴 의심하고 판단하는 것에 분노를 금치 못했지만, 결국은 나라가 힘이 없어서 우리가 무시를 당하는 거라며 극도로 원

론적인 이유까지 끄집어내며 마음을 다스렸다. 두고 봐라, 내가 여기서 너희들 능력이며 돈을 모조리 다 쭉쭉 빨아먹어서 우리 조국 부자 나라로 먹여 살린다! 라고 가슴속 깊이 말도 안 되는 다짐을 해 본다.

도쿄는 꿈맛

영어 공부의 필요성

어학교 첫 수업 때도 느낀 것이긴 하지만, 내가 일본까지 와서 한국에서도 별 생각 없이 던 영어 공부의 필요성을 이토록 절실하게 느낄 줄은 몰랐다. 우리 반은 다른 반에 비해 정말 다국적 멤버들이 모여 있다. 물론 나는 그러기를 바랐고, 때문에 그 점이 가장 마음에 들었다. 그런데 딱 한 가지, 짜증 나는 점이 있는데, 그건 바로 '영어'다.

우리 학교는 다른 큰 학교들에 비해 '강압성'이 없는 자유로운 분위기이기 때문에 쉬는 시간에는 각자의 모국어로 떠들어도 선생님이 제재하지 않았다. 한국 아이들은 한국말로, 중국 아이들은 중국말로 열심히 수다를 떠는 와중에 영어권 국적이 아닌 멤버들의 수다는 눈길을 끌었다. 스위스, 스웨덴, 프랑스, 태국, 방글라데시, 우즈베키스탄. 국적도 화려하고 각양각색인 이들이 모여 '영어'로 즐겁게 일상적인 수다를 떠는 걸 보고 있자면 부럽기만 했다. 같이 이야기하고 싶어도 중간에 끼어들 틈도 없고, 또 어떻게 끼어들어야 할지도 알 수 없었다. '하이, 헬로' 빼고는 도통 한마디도 튀어나오질 않으니 갑갑할 노릇이었다.

T O K Y O

일본이 좋고, 일본어가 좋아서 선택한 길이지만 이곳에 와서도 여전히 영어는 벗어날 수 없는 그늘이다.

학교에서뿐만 아니라 같은 반 사람들끼리 회식을 해도 상황은 마찬가지다. 처음엔 모두들 일본어로 다 같이 대화를 시작한다. 하지만 결국엔 한국인끼리, 중국인끼리, 그리고 '영어'를 할 줄 아는 사람끼리, 끼리끼리 나뉘어서 반 단합을 위해 모인 회식의 의미가 무색해진다. 내가 일본에 와서까지 이렇게 영어 콤플렉스에 시달릴 줄은 꿈에도 몰랐다.

덕분에 점점 전문학교+에 진학하겠다는 꿈보다도, 내년에는 영어 연수를 가 보고 싶다는 열정에 사로잡혀서 나도 모르게 방 안에서 영어 공부를 하고 있다. 그런 나를 보며 '너 일본어는 제대로 할 줄 알면서 지금 '일본에서' 영어 공부 하는 거니?'라고 묻는다. 그래도 열등감 생기는 걸 어떻게 하란 말인가! 일본어를 아무리 잘해 봐야 영어를 못하면 영영 열등감에 시달리며 살아갈 것 같은데! 이렇게 억울할 수가! 그래, 영어를 못해도 이를 메울 만큼 일본어 능력을 갖추면 누구도 뭐라고 하지 못할 거야. 누가 지적한 것도 아니고 인정해 주는 것도 아니지만 혼자서 이런 생각을 해 본다. 역시, 죽어도 하기 싫은 영어 공부를 하기 위해서는 죽어라 일본어 공부를 하는 게 나을 것 같다!

+**전문학교** '전문대학'과는 다른 개념. 직업학교라고 생각하면 된다. 대부분 특별한 시험을 거치지 않고 어학교의 출석률 관리, 성적 관리만 보통 이상으로 유지하면 쉽게 진학할 수 있다.

삐에르 ♡ 플로랑스   삐터   마르고
(스위스) (스위스) (스웨덴) (폴란드)

유럽인들에게 둘러싸여
회식을 했다.

처음에 나는 이분의 이름을 몰랐기 때문에

라고 삐에르에게 물었었지.

라고 친절하게 뜻까지 설명해 준 삐에르.
('퀸'만 빼고 일본어로)

도쿄는 꿈맛

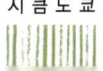

레이닝 도쿄

  섬나라는 비+가 많이 온다고 말이야 많이 들었지만, 진짜 징그럽게도 자주 온다. 심할 때는 거의 1분 간격으로 비가 내렸다 그쳤다를 반복한다. 어느 장단에 춤을 춰야 할지 모르겠다. 그런데 가만히 보면 일본인들도 이런 잦은 비에 익숙하지만 대비는 잘 못 하는 편인 것 같다. 비가 내리는 날 밖에 나가 보면 자기 우산을 들고 다니는 사람보다는 편의점에서 파는 비닐우산을 들고 다니는 사람들이 훨씬 많다. 또 그만큼 버려져 있는 비닐우산도 많다.

아니, 400엔이 넘는 비닐우산을 어떻게 그렇게 쉽게 버리고 다닐 수 있는 거야? 우리 돈으로 5000원을 길에다 뿌리고 다니는데 마음이 편하나? 딱 보니까 고장 난 것들도 별로 없고, 고가이다 보니까 그렇게 질이 나쁘지도 않던데. 쯧쯧.

어쨌든 비만 내리면 집에 콕 박혀 있고 싶은 '방콕' 본능 때문에 앞으로도 이렇게 자주 비가 내린다면 출석률에 지장이 생길 것 같다는 불길한 생각이 스멀스멀 엄습해 온다.

+비 일본은 섬나라이기 때문에 기후 변화가 심해 비가 자주 온다. 굵은 빗줄기가 세차게 쏟아진다기보다는 주로 가랑비가 짧게 자주 오는 편이다.

도쿄는 꿈맛

컬처 쇼크 4 ; 두 번 사과하기

도쿄는 꿈맛

내가 잘못한 일을 두세 번 반복해서
입 밖으로 끄집어내는 것은 참 내키지 않는 일이다.
하지만 단 한 번의 사과만으로 모든 게 용서될 수는 없다.
여기는 한국이 아닌, 일본이다.

아르바이트를 하다 바쁜 와중에 오카상의 단골손님들에게 내가 계산 실수를 좀 했다. 죄송하다고 얘기를 했는데도 오카상은 계속해서 나에게 무안을 준다. 미안한 마음도 있지만 슬슬 짜증이 났다. 일부러 나에게 말을 걸지 않고 얼굴을 피하면서 꼬인 심사를 표출하고 있다.

눈에는 눈, 이에는 이, 라고 유치하게 나오는 오카상을 상대로 나도 똑같이 그렇게 해 버렸다. 손님들이 다 나가고 난 다음에 보자, 두고 보자, 속으로 되뇌고 있는데 가게 정리가 끝나고 문을 닫기 직전, 에라 모르겠다, 더럽고 치사하지만 한 번 더 사과했다. "아까 전 일은 정말 죄송했어요."

말이 끝나기가 무섭게 나에게 하고 싶었던 말을 줄줄 늘어놓는 오카상. 준비해 놓고 있었구나. 그러더니 결국은, 자기가 비는 돈 몇 푼을 메워 넣었다는 말을 했다. 아, 그래서 그런 거였구나. 돈! 제가 드릴게요, 라고 말을 하자마자 이미 끝난 일이니까 됐다며 앞으로 조심하면 된다고 말한다. 오카상은 기분이 풀렸는지 다시 예전의 농담조 섞인 말투로 말을 하기 시작한다.

아, 깜빡했다. 일본인은 두세 번 사과하지 않으면 사과도 아니라고 생각한다는 것을……. 그때 잘못을 저지른 바로 그 상황에서 한 사과는 사과도 아닌 거다. 꼭 한 번 더 그 전 상황에 대해 설명하면서 아깐 정말 죄송했다고 다시 한 번 사과를 해야 그 상황이 종료되는 거다. 깜빡하고 있었다.

정말 어제는 피곤한 시간의 연속이었다. 오후 6시쯤 그 실수를 저지르고 밤 11시 반까지 오카상과 냉전을 벌였으니까.

앞으로 까먹지 말자. 두 번 이상 사과하기!

슈크라토의 망언

언제나 신경질적인 성격의
슈크라토 상

언제나 특유의 냉소를
잃지 않는다.

그딴 게
뭐 대수야!

식의 반응 때문에
수업 시간에 찬물을 끼얹는 것도
여러 번

나이가 많다 보니
선생님들도 쩔쩔맨다.

그러던 어느 날,
각국의 식생활 문화에 대해
토론을 하던 중,

근데 한국의 젓가락이랑
일본 젓가락이 뭐가
다르다는 거지?

라는 질문을
시크하게 날리시기에,

도쿄는 꿈맛

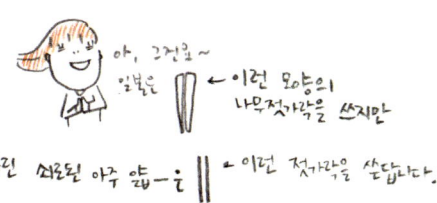

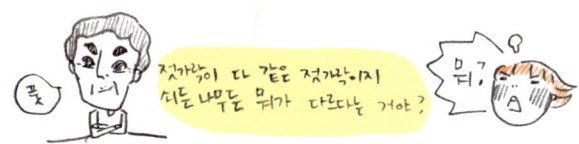

'뭐 이런 아저씨가 다 있나.'
어떻게 한 나라의 전통의상에 대해서 저런 무지함을 가지고 저렇게 용감할 수 있는 건지 신기했고, 그다음은 자존심이 상했고, 그다음은 나의 무지함 또한 만만치 않다는 것을 깨달으며 부끄러워졌다. 열심히 한복과 기모노의 차이점을 설명하려고 했지만 내가 할 수 있었던 말은 고작 "한복은 곡선의 미! 기모노는 직선의 미!" 뿐이었다. 물론 슈크라토 상에게는 그 말조차 무시당했다. 더 깊이 말해 봤자 어차피 들으려고도 하지 않았겠지만 프리토킹 시간에 자주 '내 나라'에 대해서 말할 기회가 있었음에도 항상 단면적인 것밖에 말하지 못한 나 자신이 조금씩 부끄러워지고 있었는데 슈크라토 상이 이런 내 감정의 한계를 드러낸 셈이었다.

사실 일본에 오기 전 경험자들에게 한국에 대한 공부를 많이 하고 가는 게 좋다는 얘기를 듣긴 했는데, 당시엔 그냥 무시했었다. 일본에 가는데 웬 한국 공부람, 하는 생각에 소홀했던 게 사실이다. 그런데 막상 겪어 보니 왜 한국에 대해 공부를 하라고 했는지 이제야 알 것 같다. 어떻게 보면 이 일본 땅에서 나는 작은 외교관 역할을 하고 있는 것이나 다름없는데 우리나라에 대해 너무 모르고 있었다. 이래서는 독도가 자기네 땅이라고 주장하는 일본인을 만나도 독도가 왜 우리나라 땅인지도 제대로 설명 못 하고 얼버무리는 꼴이 될 것 같다. 생각 없이 말하는 슈크라토 상 때문에 화가 난 건 사실이지만, 그 때문에 이제야 '우리나라'에 대해 진지하게 생각하기 시작한 나도 철들려면 아직 멀었다는 생각을 했다.

워터 플리즈

　우리나라처럼 관공서의 일처리가 빠른 나라가 또 있을까? 성질 급한 한국인에게 일본 관공서의 일처리 속도는 그야말로 고문이다. 은행이 별로 붐비지도 않는데 번호표를 보면 대기 인수 5명. 한국에서는 5명 정도야 앉아서 잡지 몇 장 뒤적거리다 보면 금방 순서가 돌아올 숫자지만 여기 일본에서는 다르다. 구렁이 담 넘어가는 듯한 이들의 속 터지는 일처리 속도에 목이 타서 물이라도 마시려고 하면 정수기가 없다. 우리나라에서는 관공서는 물론이거니와 웬만한 빌딩이나 쇼핑몰, 하물며 대형 마트 안에도 목 타는 손님들을 위해 곳곳에 정수기가 비치되어 있기 마련이지만 일본에서 찾을 수 있는 것은 오로지 자판기뿐이다. 물은 무려 120~150엔. 물을 사 마시는 것이 아까워 음료수를 뽑아 먹기 일쑤인데, 오히려 갈증을 배로 증가시키는 통에 속이 더욱 타 들어간다. 일처리 속도를 높이든가, 아니면 물이라도 맘껏 먹게 준비해 주든가. 속 터져서 못 살겠다.

새 식구

새 아르바이트생들이 생기다!

이제 오카상 잔소리 혼자 듣는 것도 안녕~.

이라고 안심했지만

오카상이 화내도 못 알아들음.

결국 내가 그냥 통역.

흠...... 열심히 하자, 애들아.

도쿄는 꿈맛

거인이 아니야

내 키는 177센티미터. 한국에서도 보통 여자들보다 훨씬 큰 키 때문에 옷을 살 때면 스트레스를 많이 받는 편인데 이곳 일본에서는 심각할 정도다. 평균 신장이 우리나라보다 작은 일본에서 내 키에 맞는 옷을 찾아내는 것은 모래사장에서 진주 찾기보다 더 힘들다. 팔 길이, 다리 길이는 물론이고 어깨 폭도 기본적으로 작다. 우리나라 동대문 격인 하라주쿠⁺나 시부야, 시모기타자와⁺ 같은 곳에서 저렴하고 독특한 옷을 사서 입고 싶어도 사이즈가 없어서 못 사는 경우가 허다하다.

때문에 안 그래도 쇼핑을 별로 좋아하지 않는 성격에 이런 고민까지 더해져 패션과는 더더욱 담을 쌓고 살아가고 있는 형편이다. 패션의 고장(?) 도쿄에서까지 이렇게 구질구질하게 입고 다녀야 하는 내 신세를 생각하니 울화통이 치밀어서 잠을 못 자겠다.

거기다 예쁜 구두까지도 날 외면하는 상황. 일본은 신발 사이즈가 보통 S, M, L 순으로 있는데 내 발은 250밀리미터. 그것도 딱 맞는 250이다. 한국에서도 250 사이즈의 여자 구두는 찾기가 힘들다. 예쁜 구두는 보통 240이 끝. 심플하고 무난한 스타일의 구두만이 250 사이즈를 그나마 좀 찾아볼 수 있는 형편이다. 일본에서는 한국보다 더한 상황. L을 신어도 절반밖에 발이 들어가지 않는다. 고로 난 일본에서 예쁜 옷과 예쁜 구두는 몽땅 포기할 수밖에 없다.

내게 남은 것은 오직 공장에서 색깔별로 찍어 낸 듯한 다량 사이즈의 유니클로뿐. 물론 그중에는 예쁜 옷도 있고, 저렴한 데다 매장이 여기저기 많이 있기 때문에 접근성도 좋다. 이래저래 이점이 많은 곳이긴 하지만 그렇기 때문에 생기는 부작용도 만만치 않다. 신주쿠를 걸어 다닐 때 대여섯 번은 똑같은 티셔츠를 입은 사람들과 마주치는데, 이것은 사실 기분 좋은 일이 아니다. 일본 어디를 가든 사람들이 "다카이(高い, 높다)!", "데카이(でかい, '크다'의 속어)!", "오오키이(大きい, 크다)!" 등의 '크다'라는 뜻을 표현할 수 있는 모든 형용사를 갖다 대며 날 올려다보는데 참…… 작아지고 싶다.

+ **하라주쿠** '코스프레의 천국'이라 불리는 도쿄의 패션 중심지. 우리나라의 동대문시장과 비슷한 느낌이지만 좀 더 빈티지하고 키치적인 분위기다.

+ **시모기타자와** 도쿄 외곽에 위치한 우리나라의 '홍대 앞'과 비슷한 느낌의 쇼핑가. 하라주쿠보다는 좀 더 차분하고 아기자기한 느낌의 상점이 밀집해 있으며 도심과 떨어져 있는데도 독특한 아이템을 구하러 멀리서도 일부러 이곳을 찾는 젊은이들이 많다.

키 차이가 한참 나는 나와 오카상.

그런 나를 항상 올려다보는 오카상은
날 너무 거인 취급한다.

가끔 장보러 옆 쇼핑센터에 갔다오실 때
아르바이트생들에게 선물을 사 오는데,

이 두 아이의 것은

나의 것은

귀여운 슬리퍼와 티셔츠.

누가 봐도 남자 것이 분명한
스판츠 슬리퍼와
XXL 티셔츠다.

도쿄는 꿈맛

도쿄는 꿈맛

시큼도쿄

피터의 반전

도쿄는 꿈맛

도쿄는 꿈맛

먼 나라 이웃 나라

　　　오늘 저녁엔 또 얼마나 이상한 쇼 프로그램을 할까……. 며칠 전 TV에서 본 자전거 쇼는 정말 충격이었다. 추녀들만 모아 놓고는 팬티스타킹을 얼굴에 씌워서 그 끝을 세발자전거에 묶고 그 세발자전거에 각각의 추녀들이 뽀뽀하고 싶은 남자들을 태우고는 얼굴로 끌어서 누가 1등을 하나, 시합을 했다. 정말 어이가 없고 기분이 나빠서 인상을 북북 쓰면서 브라운관을 쳐다본 기억이 난다. 진행자들이 스타킹 때문에 잔뜩 일그러진 추녀들의 얼굴을 퍽퍽 때리면서 괴물 같다는 둥 짐승 같다는 둥 깔깔대면서 놀렸다. 그런데도 여자들은 기분 나빠하기는커녕 그저 좋다고 더 우스꽝스럽게 얼굴을 일그러뜨린다. 일본인들의 문화는 대체 이해할 수 없다.

그러곤 1등을 한 여자와 그 여자가 지목한 남자가 진짜로 뽀뽀를 한다. 그것도 짧게 '쪽'도 아니고 지정된 장소에 가서 카메라가 있는 대로 클로즈업을 하고 1분도 넘게 입을 맞추는 것 같다. 완전히 진하게. 정말이지 TV 속의 일본과 TV 밖의 일본은 하늘과 땅 차이다. 다음 코너에서는 야하게 생긴 여자애 둘을 유카타를 입혀서 데리고 들어오더니만 가슴 사이에 펜 같은 걸 꽂아 놓고 남자들 앞에서 옷을 활짝 펴 보이면서 펜을 빼 가라고 한다.

헉…… 이거 지금 공중파 맞지? 경악을 금치 못했다. 벌칙으로 여자애가 남자애에게 가서는 에로틱한 안마를 해 준다. 편의점에 눈을 뜨고 볼 수 없을 만큼 야한 표지의 잡지가 보란 듯이 제일 앞에 꽂혀 있는 것을 보고 깜짝 놀라긴 했지만 TV에서조차 이럴 줄은 정말 몰랐다. 일본의 어린아이들은 무엇을 보고 자라는 건지, 대체……. 정말 이해할 수 없는 일본인들이랄까. 알면 알수록 재미있기도 하지만 알면 알수록 더 알 수 없어지는 일본이다.

도쿄는 꿈맛

도쿄는 꿈맛

문화 전쟁

    수요일은 내가 좋아하는 가토 선생님의 수업이 있어서 일찍 일어나 학교에 갔다. 수업 중간에 각 나라의 교육 제도에 대해서 가볍게 토론이 벌어졌다. 피에르 상이 한국의 교육 제도를 걸고 넘어간다. 한국 사람들은 대학을 졸업하고도 편의점에서 일을 한다는 둥, 편의점에서 일할 거면 왜 대학까지 졸업을 하느냐는 둥 스위스나 스웨덴도 마찬가지지만 유럽에서는 대부분의 사람들이 대학을 가는 것은 아니라면서 다들 자기 일을 찾아 떠난다는 식으로, 약간 비하하는 발언을 했다. 나는 순간 흥분해서 얼굴 벌게져 가지고 한국 사람들도 대학을 졸업하고 일을 찾지 않는 것은 아니다. 전부 다 노력하고 일자리 찾아 헤매지만 경제적인 문제 때문에, 혹은 사회적 사정 때문에 취직할 장소가 없는 거다, 라고 받아쳤다. 피에르 상은 굽히지 않고 한국은 대학 입학생의 90%가 졸업을 하기 때문에 그만큼 일자리가 없는 거라면서 유럽처럼 30~50% 정도만 졸업생을 배출한다면 일자리가 없어지는 일은 없을 거라고 주장했다. 확실히 그건 맞는 말이다. 한국에서도 계속해서 지적되고 있는 문제라 딱히 반박할 말이 없었다. 그래도 처음부터 그 점을 확실히 짚고 넘어가던지 할 것이지, 무조건 한국 사람들은 대학을 졸업하고 편의점에서 일을 한다는 둥의 발언을 하면 내가 어떻게 받아들이겠냐, 이 스위스인아!
어쨌든 잠깐의 분쟁(?)이 있었지만 나중에 피에르 상은 자기가 좀 흥분했던 것을 깨달았는지 수업 시간 내내 계속해서 내 비위를 맞추느라 정신이 없었다. 아무리 친하고 좋아하는 사람이라도 우리나라에 대해서 좋지 않게 말하는 것 같으면 바로 불끈 하고 열을 올리게 된다. 그런 걸 보면 나도 어쩔 수 없는 천생 한국인인가 보다.

우리의 소원은 통일

　　라디오를 듣던 중 주파수 다이얼을 돌리다가 왠지 한국어를 들은 듯한 느낌이 들어 깨끗한 음색이 들릴 때까지 심혈을 기울여 주파수를 조정했다. 아주 깨끗하진 않았지만 잡음들 너머로 희미하게 한국어 노래가 흘러나오고 있었다. 우와, 일본에서도 한국 라디오가 잡히다니! 신기해하며 가만히 듣는데 뭔가 이상하다. 가만…… 이건……?
가만히 귀를 기울여 가사를 들어 보니 '위대한 아버지'라던가 '동무'라는 말이 들리는데……. 헉! 그러고 보니 목소리가 심하게 우렁찬 게 이건 분명, 북한 방송이다! 혹시나 찬송가를 잘못 듣고 있는 게 아닌가 하는 마음에 다시 한 번 실눈을 떠 가며 열심히 들어 봤지만 역시나였다. 확실히 북한 방송이었다.
늦은 새벽이었기 때문에 우리나라에서 방송이 끝나면 애국가가 흘러나오듯 이들도 지금 방송 시간의 끝을 알리는 노래를 부르고 있는 건가, 의문을 가지고 다시 한 번 가사의 내용을 듣기 위해 귀를 갖다 대는데 지지직대는 잡음 소리가 점점 커지더니 결국은 그 노랫소리를 삼켜 버렸다.
정작 우리나라에선 전혀 듣지도, 보지도, 상상도 못 한 북한 라디오 방송을 내가 이 먼 바다 건너 도쿄에서 들어 볼 줄이야! 만약 최악의 상황으로 내가 늙어 흙으로 돌아갈 때까지 통일이 되지 않는다면 지금 들은 이 몇 초간의 북한 방송이 평생 단 한 번의 기억으로 남을 거라고 생각하니 팔 언저리에 소름이 돋았다.
오늘밤 꿈엔 왠지 위대한 아버지를 목청껏 높여 부르던 사람들이 날 찾아와 아까 들었던 노래의 가사를 친절하게 알려 줄 것 같은 느낌이다.

숟가락

식당에 갈 때마다 생각하는 건데, 제발 숟가락 좀 줬으면 좋겠다. 물론 일본인들이 숟가락을 잘 쓰지 않는다는 사실은 알고 있다. 하지만 요시노야+에서 오야코동+을 먹을 때마다 다 먹을 무렵 국물 때문에 따로 노는 밥풀들을 젓가락으로 일일이 쓸어 모아서 입안에 털어야 하는 불편함 때문에 항상 숟가락이 절실하게 생각난다. 휴대용 수저를 가지고 다닐까, 생각해 보기도 하지만 막상 가지고 다니려니 귀찮기도 하고, 민망하기도 하다. 여러모로 주변의 눈총을 받을 것 같아서 그만뒀다.

큐빅 박고, 리본 달고, 구슬 달고, 주렁주렁 네일아트를 한 손에 젓가락을 들고 어기적어기적 그 끝물을 막 쓸어 모아서 예쁘게 화장한 얼굴에 얼굴만 한 그릇을 번쩍 들어서 들이대고 입안에 음식을 모아 털어 넣는 일본 여자애들을 한쪽에서 몰래 보고 있자면 참 안돼 보인다.

**너희들도 그렇게 먹다 보면 숟가락으로 먹고 싶지 않니?
국물 있는 음식 먹을 땐 숟가락으로 좀 먹자.**

+요시노야 '마츠야[松屋]'와 쌍벽을 이루는 일본의 대표적인 저가형 덮밥집이다. 주문은 자판기로 이루어지며, 저렴한 가격 대비 맛도 괜찮아서 대중에게 사랑받는 음식점이다. 보통 바(bar)로 된 구조여서 여러 명이 가기보다는 혼자 있을 때 급하게 끼니를 때우려는 목적으로 자주 찾는 곳이다.

+오야코동 닭고기달걀덮밥. '오야(親, おや)'는 '부모'라는 뜻, '코(子, こ)'는 '자식'이라는 뜻이다. '부모'에 해당하는 닭고기와 '자식'에 해당하는 '달걀'을 섞어 덮밥 재료로 쓰기 때문에 이런 이름이 붙었다.

도쿄는 꿈맛

　　〈노다메 칸타빌레〉라는 드라마에서 노다메가 명란젓이 들어 있는 삼각 김밥을 들고 도망가다가 철퍼덕 엎어지고는, 그와 동시에 바닥에 굴러다니게 된 명란젓 덩어리를 움켜쥐고 세상이 끝날 것처럼 울먹이던 장면이 생각났다.

맞아. 일본 사람들은 명란젓을 정말 좋아해. 나도 일본 문화를 이해하려면 일단, 명란젓부터 시식해 봐야겠어!

영화나 드라마를 보면 꼭 특제 요리가 있다며 말하는 것들 중에 필수적으로 포함되는 것이 바로 '명란젓'이다. 대체 얼마나 맛있기에 그렇게들 입을 모아 칭찬하는 건지 직접 체험하고 싶었다. 집 근처에 있는 뽀로로카마트에서 사 온 7개나 들어 있는 포동포동한 명란젓. 좀, 진한 살색 같기도 하고 다홍색 같기도 한 오묘한 색깔에 건드리면 툭 터질 것 같이 빵빵한 알 주머니. 미세하게 퍼져 있는 핏줄의 패턴들.

어떻게 보면 참…… 보기 좋다고는 하기 어려운 생김새를 가졌지만 일단 먹어 보기로 한다. 젓가락으로 톡! 터뜨려서 반짝반짝 윤기 나는 알들 수십 개를 야무지게 밥 위에 얹어 한……입…… 꿀꺽…… 먹었다! 음……, 나머지는, 그러니까…… 명란젓 나머지 6개 반은, 알탕을 끓여 먹었다…….

일본의 음식 문화를 이해하기 위해선 생각보다 더 많은 노력(?)이 필요할 것 같다. 일단 이 수천 개의 알 뭉치를 먹으면서 살생을 하는 게 아닌가 하는 나의 과대망상부터 버려야겠지.

분명 유료 결제했는데, 속도가 왜 이모양..?
새삼 우리나라가 IT강국이라는 걸 실감하는 요즘.

도쿄의 봄

도쿄엔 봄이 왔답니다♡

지금은 벚꽃이 만개해서
일명 하나미(花見, 꽃구경)가
한창이에요

하지만 난 여전히 돈만 벌고 있어요

열심히 일해도
살은 오히려 더 찌고만 있어요

아.. 나도 뱃살 붙잡고 하나미 가고 싶어!

도쿄는 꿈맛

배구 대회

배구는 예상대로, 졌다. 내가 캡틴인 것부터가 벌써 패배를 예고한 거나 다름없었다.
그래도 처음엔 서브만으로 2승을 했는데, 다음에 배구 신 타렉 상이 있는 반이랑
승부하는 바람에 지고 말았다. 방글라데시인은 다 배구를 잘하는 거야? 라고
착각할 만큼 볼록 나온 배가 무색하게도 점프력이 최고인 데다
손 힘은 또 어찌나 센지, 장신의 다크호스 피에르 상도 꼼짝 못 할 정도로
엄청난 스파이크였다. 우린 완전히 대패했다!

도쿄는 꿈맛

시큼도쿄

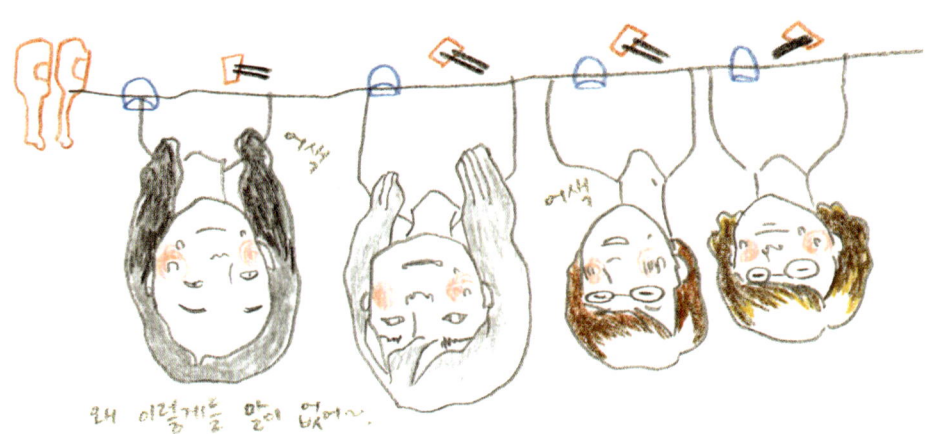

도쿄는 꿈맛

회식

    배구 경기에서 져 놓고도 좋다고 벽에 모여 앉아서 사진 찍고 놀았다. ALA학교가 작아서 전교생이 얼마 안 되다 보니 시합은 금세 끝났다. 운동했으니 술도 당기고 오랜만에 반 사람들끼리 회포도 풀 겸 회식을 갔다. 가토 선생님도 우리 패거리에 섞이는 바람에 같이 가 주시기로 했다.

그런데 피에르 상은, 생일이라고 해서 케이크라도 사다가 파티를 해 주려고 했는데 여자 친구가 집에서 뭔가 해 줄 것 같다면서 집에 가 버렸다. 피에르 상 없는 회식은, 단무지 없는 김밥이랄까. 영 민숭민숭하다. 슈크라토 상은 처음으로 회식에 참여했는데, 분위기가 이렇다 보니 내가 다 무안해질 정도다. 안 그래도 평소에 냉랭하기로 유명한 슈크라토 상인데, 50대 아저씨가 우리랑 할 얘기가 있을 리 만무하다. 그저 묵묵히 음식만 드시고 계셨다. 게다가 평소에 별로 말이 없는 편인 친 상이랑 코 상은 아예 묻는 말에 대답도 하지 않고 멀뚱멀뚱 앉아 있다. 속이 터질 지경이다. 피터는 말이 많은 편인데도, 말없는 남자들 사이에 끼어 앉아 있으려니 괜히 덩달아 입을 다물고 있었다. 남자들이 술도 별로 안 마시고 말도 별로 안 하니까, 영 흥이 나지 않는다.

결국 1차 만에 회식이 끝나 버렸다. 모처럼 가토 선생님이 같이 가 주셨는데 어쩜 사진 한 장 찍지 않고 이자카야 문밖을 나서자마자 바로 손을 흔들며 다들 집으로 흩어졌다. 지금 생각해도 진땀이 날 정도다. 아직은 학교 밖에서 모여 앉아 일본어로 얘기하는 것이 어색한 외국인 집단이라고 할 밖에.

엄마의 날

　비가 오더니만, 오늘은 날씨가 너무 춥다. 난 토요일이 '엄마의 날(母の日)'인 줄 알았다. 비가 오는 와중에도 동네의 자그마한 꽃집을 우여곡절 끝에 찾아 주인도 없는 꽃집에서 꽃집 주인의 남편이 어설프게 포장해 주는 꽃을 들고는 아르바이트를 갔다. 주먹만 한 장미 두 송이에, 핑크색 장미 여러 송이, 핑크색 카네이션 여러 송이. 포장은 자주색 부직포에 비닐을 겹쳐서 화려한 리본을 달고 끝.
온통 분홍 천지에 자주색 부직포 포장이 상당히 눈에 거슬렸지만, 급하기도 했고, 꽃 포장이라는 게 원래 대충 주름만 잘 잡으면 그럴싸해 보이니까 봐 줄 만했다. 꽃집 아저씨가 워낙 친절해서 도저히 그냥 나올 수 없기도 했고…….
아르바이트 시간에 20분이나 늦게 도착해서는 헉헉거리면서 늦게 와서 죄송하다고 하니까 오카상이 어떻게 된 거냐며 왜 이렇게 늦게 왔느냐고 잔소리를 한다. 꽃을 내밀면서 웃으니 오카상이 뭘 이런 걸 다 사오냐면서, 물론 속으론 기뻐셨겠지만 곤란한 표정을 지으셨다. 함께 일하는 주희, 주연이까지 다 마음을 모아서 내가 대표로 드리는 거라니까, 그제야 고맙다면서 받아든다. 오카상은 한참 꽃을 바라보더니 "눈물이 나올 것 같아"라고 말하곤 정말 울기 시작했다. 며칠 전에 조금씩 돈을 모아 사다 놓은 가방 선물을 같이 드리니까 그야말로 감동의 도가니다. 오카상은 정말 감격했는지 더욱 크게 흐느끼셨다.
평소엔 특유의 까칠한 성격 때문에 어느 정도 거리를 둘 수밖에 없었던 오카상이 그 자그마한 몸을 들썩이면서 엉엉 우시는데, 나도 덩달아 감격해 버려서 같이 울어 버렸다. 너희들 엄마에게 해 줘야 하는 건데 나한테 이렇게 해 줘서 어떡하느냐면서 진짜 고맙다고 하신다. 아르바이트로 힘들게 일해 번 돈을 쓰게 해서 어떻게 하느냐는데 막 눈물이 나왔다.
사실 평소의 오카상을 생각하면 우실 줄은 꿈에도 상상하지 못했다. 의외의 반응이라 눈물 없기로 유명한 나도 같이 울고 말았다. 몇 개월간 같이 생활하면서 티격태격 말싸움도 하고, 신경전도 벌이며 힘들었던 게 사실이다. 외국인과 살 부대끼면서 같이 생활한다는 게 참 순탄치만은 않구나 생각하다가도, 이렇게 또 서로 국적 같은 건 무시하고 마음과 마음으로 교감할 때만큼은 원수 같은 나라라고는 하지만 사람 사는 건 다 똑같다는 생각이 든다. 이런 생각을 하며 마음 한구석이 따뜻해진다. 역시 '정(情)'은 어디에서나 무시할 수 없는 거구나 하고 새삼스레 깨닫는다. 한국은 엄마, 아빠의 날이 따로 나뉘어 있지 않고 '어버이날'로 통일돼 있다고 말하자 오카상은 눈을 동그랗게 뜨며 "아 그렇구나"라고 말한다. 그런 오카상을 보며 이제 그만 우시라며 빙그레 웃어 보였다.

도쿄는 꿈맛

도쿄는 꿈맛

낫토 도전

역시 낫토는 아직도 무리!

안나의 동네 한바퀴 시부야

시네마 라이즈 シネマライズ ★★★☆☆

스페인자카 끝에 위치한 영화관. 우리나라의 대형 극장처럼 커다랗고 체계적인 시스템으로 이루어져 있진 않지만 아날로그 감성이 묻어나는 중형 극장이다. 번화가인 시부야에 위치하고 있으면서도 사람이 많지 않아 혼자 조용히 영화 보러 가기 좋다. 붐비지 않는 시간엔 현장 예매도 순조롭게 할 수 있지만 온라인 예매를 하면 더 편하다.

- http://www.cinemarise.com/ (온라인 예매 사이트 http://www.cinemacafe.net/ticket/)
- 어른 1800엔, 학생 1500엔, 중·고교생 1000엔, 노인·어린이 1000엔
- 東京都澁谷區宇田川町13-17 ライズビル 03-3464-0051
- 하치코 출구로 나와서 세이부 백화점 사잇길로 좌회전해 걷다가 스페인자카의 언덕 길 꼭대기까지 올라가면 왼쪽에 위치해 있다.

The Lockup ロックアップ ★★★★☆

형무소와 귀신의 집을 섞어 놓은 듯한 테마 이자카야. 입구에 들어선 순간부터 한시도 방심할 수 없는 '공포감'을 제대로 조성해 놓은 재밌는 술집이다. 감옥으로 나뉘어 있는 방으로 들어갈 때는, 교도관 코스프레를 한 여자 종업원에게 수갑이 채워져서 끌려간다. 사진 촬영이 금지돼 있어서 참 아쉬운 집. 술을 먹다가 갑자기 귀신이 나타나는 시간이 있다. 체하지 않게 조심하도록. 콘셉트가 강하다 보니 음식은 맛이 없을 거라는 편견이 있지만, 술도 안주도 정말 맛있다.

- 1인당 3000엔 정도 소비, 음식은 보통 500~800엔
- 東京都澁谷區宇田川町33-1 03-5728-7731
- 하치코 출구에서 나와 횡단보도를 건너서 센타가와로 3분 정도 쭉 들어가면 간판을 볼 수 있다.

비커나 시험관에 술이 담겨 나오는 '인체 실험' 같은 무시무시한 이름의 술들이 많다.

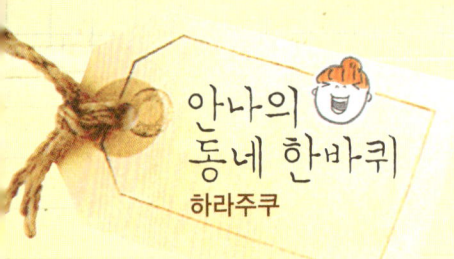

Cafe & Dining LEALEA　カフェ&ダイニング　レアレア ★★★★★

하와이어로 '유유히'라는 뜻의 레아레아. 크기는 작지만 하와이 요리를 모티브로 만든 샐러드와 요리들이 고급 호텔 요리 못지않다. 인기 있는 메뉴인 '로코모코 보울(Locomoco Bowl)'은 920엔이다. 슈가 맛과 시나몬 맛 중에 고를 수 있는 '마라사다(MALASADA)'는 150엔. 점심 시간의 '우라하라동(URAHARA DON)'은 음료와 샐러드, 수프가 포함되어 있는데 약 850엔이다. 단체로 갈 때는 'LEALEA 파티 코스'를 추천한다(1인당 4000엔, 음료 무한 리필)! 샐러드부터 케밥, 립 구이, 진한 레어 치즈 케이크까지 살찌기 딱 좋지만 전부 다 맛있어서 어느 것 하나 버릴 수 없다. 조금은 부담스런 가격도 전혀 아깝지 않다.

- http://www.lealea-harajuku.com/
- 평일 11:00~23:00, 토·일요일·공휴일 10:00~23:00, 런치는 언제나 17:00까지
- 東京都渋谷區神宮前4-28-14　シャンゼリゼ原宿2F　03-5772-6776
- 라포레가 있는 교차점에서 오모테산도 방향으로 걸어가다가 편의점 '로손'을 끼고 좌회전하면 바로 다음 골목 2층이다.

챤티 チャンティー ★★★☆☆

다케시타도리의 끄트머리에 위치한 에스닉 숍.
입구로 들어서면 진한 향 내음이 코를 찌르면서 정신을 몽롱하게
만든다. '치치카카'보다도 한층 더 업그레이드된 에스닉한
분위기를 내뿜는 곳. 일본 연예인에게 협찬하고 있다고 한다.
희귀한 의상, 가방, 액세서리나 소품이 많기 때문에 영감을 얻으러
가기 좋다. 역시나 수제품이 많아 가격은 비싼 편이지만
세일 기간을 이용하면 '완소' 아이템을 잔뜩 얻을 수 있다.

- 온라인숍 http://www.e-seleshop.com/
- 東京都渋谷區神宮前1-6-5 2F
- 하라주쿠 역 다케시타 출구에서 나와 다케시타도리를 4분 정도 걷다 보면 거리 끝 부분 좌측에 보인다.

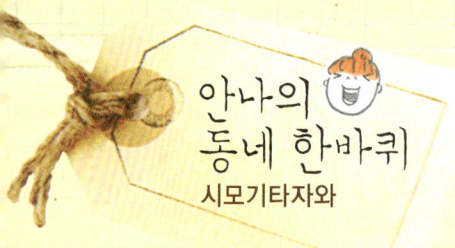

안나의 동네 한바퀴
시모기타자와

AYA-SUN ★★★★★

귀엽고 특이한 프린트 티셔츠가 많은 보물 창고!
일본의 특이한 패션 아이템들은 전부 작아서 입지 못하는
내 큰 키에도 맞는 티셔츠들이 잔뜩 있어서
사막의 오아시스를 만난 기분.

📞 03-3485-8019
📍 시모기타자와 역 북쪽 출구로 나와서 바로 오른쪽으로 꺾어 걷다가
요코하마 은행이 나오면 우회전. 바로 초록색 간판이 보인다.

東洋百貨店 shimokita garage department ★★★★★

밖에서 보기엔 보통 옷가게들과 다를 바 없지만 안으로 들어가면 들어갈수록 넓게 펼쳐지는 내부에 깜짝 놀라게 된다.
장르가 다른 총 22개의 점포가 옹기종기 모여 있어 동대문 쇼핑몰의 축소판 같은 느낌을 준다. 은은한 조명 아래 아기자기한 소품들을 판매하는 가게가 발 디딜 틈 없이 들어차 있어서 구경하는 데만도 한참 걸린다. 옷, 가방, 신발은 물론이고 예쁜 일러스트 엽서나 손으로 만든 액세서리를 판매하는 가게도 많아서 소소하고 귀여운 선물 사기에 안성맞춤.

- http://www.k-toyo.jp/frame.html
- 東京都世田谷區北驛2-25-8
- 03-3468-7000
- 북쪽 출구로 나와서 바로 왼쪽에 보이는 언덕으로 올라가 '무인 양품'이 보이면 우회전, 3분 정도 걸으면 오른쪽에 요란한 일러스트 벽화가 그려진 가게 입구가 보인다.

도쿄는 꿈맛

로망이 생기다

도쿄는 꿈맛

하코네 & 맥주 공장

학교 소풍의 메인 장소인 하코네보다 부록에 불과한 아사히 맥주 공장이 우릴 더 들뜨게 한 건 바로 '무료 맥주 시음' 때문이었다. 우리 반 사람들 모두 '하코네 소풍'보다 '맥주 시음'이라는 단어에 대놓고 환호성을 지를 만큼 아사히 맥주 공장에 가는 날을 고대하고 있었다. 시골 마을로 꽤 들어가 거의 나무와 풀밖에는 보이지 않는 초원에 아사히 맥주 공장이 우뚝 서 있었다. 시음장에 가기 전까지 의무적으로 봐야만 하는 맥주 공장의 역사라든가 맥주 제조 과정이라든가 하는 시시콜콜한 것들은 더더욱 맥주를 갈구하도록 혀 밑을 바짝바짝 타 들어가게 만들기에 충분했다.

형식적인 관문들이 모두 끝나고, 우리 학교 학생들은 거의 만세를 부르며 시음장을 향해 돌진했다. 생맥주 한 잔, 흑맥주 한 잔. 유치원생들이 선생님이 나눠 주는 사탕을 기다리듯 우리들은 침 흘리며 배급을 받았다.

"감파이(乾杯, 건배)!"

아, 맛있다! 맛있어! 평소에 아사히 생맥주는 입에 잘 안 맞아서 기린만 마셨는데, 역시 공장에서 짜 주는(?) 맥주 맛은 남다르구나. 파는 것도 이런 맛이면 매출이 10배는 더 오를 텐데……! 혼잣말을 중얼중얼거리며 한 잔 더 마시러 가자는 친 상의 손에 이끌려 두어 번 그렇게 행복한 맥주 맛을 봤다.

결국 본격적인 소풍 장소인 하코네에 도착해서는 아까 마신 맥주 몇 잔에 해롱거리느라 제대로 구경도 못 하고 말았다. 하지만 나를 비롯하여 전교 학생들이 하코네의 해적선을 타고 있는 와중에도 '맥주 참 맛있었지……'라며 맥주 공장을 진짜 소풍 장소로 정하지 않은 것에 대한 불만을 늘어놓고 있었다. 견학 온 어린이들이 시음을 못 하는 것이 안타깝게 느껴질 정도였으니 제대로 반한 것이 틀림없다.

도쿄는 꿈맛

유난히 날씨가 안 좋아 안개가 자욱하던 하코네 풍경을 보며 느꼈던 아쉬움을, 아사히 맥주의 기분 좋은 맛이 달래 주었다.

쓸쓸도쿄

도쿄는 꿈맛

일편단심 피에르 상

또 실연이다

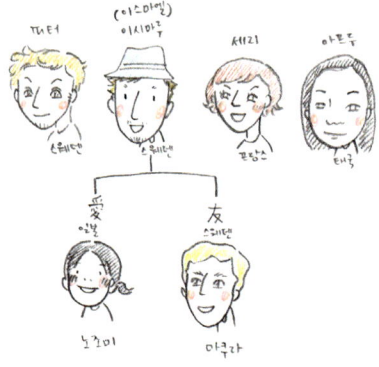

오랜만에 밴 사람들과 점심을 같이 먹었다.

이시마루는 삿포로 출신 여자 친구와

꽃남 마쿠라를 소개시켜 줬는데

특히 마쿠라와는 말이 잘 통해서 순식간에 친구가 됐다.

아르바이트 시간이 돼서 급하게 나오느라 연락처를 주고받지 못 했는데

다음 날

안나 상!
오, 세리 상

어제 마쿠라가 내 전화번호를 안 물어 보고
안나 상 전화번호만 물어 봤어~
아무래도 안나 상을 좋아하는 거 같애.

그리고 며칠 후,

도쿄는 꿈맛

안나 상, 마쿠라예요.
이제서야 연락해서 죄송해요.
우리 친구들하고 다같이 언제 한 번
마쓰리라도 가고 싶은데 어때요?

좋아요, 마쓰리.
그전에 저희 회식하는데
한번 놀러 오실래요?

아유, 세리 상도 참~.
괜한 소릴 해 가지고 잠도 안 오게~
응후응후후후후

도쿄는 꿈맛

단골

　　　몇 달 동안 의욕적으로 일도 배우고 성격에 맞지 않게 오카상에게 살갑게 자꾸 말도 걸어 보고 했더니 이 할머니가 나한테 좀 마음을 열기 시작했다. 우리 가게 바로 옆에 있는 다바코야상+에서 아이스크림도 몇 번 사주셨다.

가게 앞에 알루미늄 벤치가 하나 있는데, 거기 앉아서 손님들이 들어올 때까지 선선한 바람 맞으면서 사람 구경하면서 열심히 수다를 떠는 게 우리 가게 영업 준비의 첫 번째 순서다. 오카상이 이 이자카야에서 일한 지 10년이 됐다고 하던데, 그래서인지 가게 앞에 앉아 있으면 지나가는 사람들 중 반 정도가 오카상에게 인사를 건넨다. 와, 역시 인맥 하나는 끝내주시는군요, 할머니!
가게가 도쿄돔 바로 앞에 있는지라 그곳에서 야구 경기가 있거나 콘서트가 열리는 날에는 문전성시를 이룬다. 특히나 자이언츠 경기가 있는 날에는 자이언츠 팬들로 가게가 온통 주황빛이 된다. 알다시피 자이언츠의 상징 색깔은 주황색이다. 오카상은 자이언츠 팬클럽 부회장을 맡고 있기 때문에 오카상이 속한 팬클럽 사람들이 우리 가게에 자주 모인다. 팬클럽 이름은 거혼회(巨魂會). 덕분에 자주 보는 아저씨들과 나도 덩달아 친해졌다. 3월에 시작된 일본 프로야구 시즌 덕에 거의 매일 우리 가게에 드나드는 아저씨들 가운데 우에노에서 100엔숍을 운영한다는 일명 '샤초[社長]'라 불리는 아저씨는 시원스런 이목구비와 걸걸한 성격이 우리 아버지랑 너무 닮아서 볼 때마다 아버지를 만난 것 같은 느낌에 나도 모르게 다른 아저씨들보다 더 잘해 드리게 된다.
스포츠 중에서도 유독 야구만큼은 전혀 관심 밖이던 나도 야구 팬이 많이 드나드는 가게에 일하다 보니 절로 흥미가 생긴다. 가게에서 매일 야구 경기를 TV로 틀어 놓기 때문인지는 몰라도 어느새 그 복잡한 야구 규칙을 일일이 꿰고 있는 야구 박사가 다 되었다. 역시 환경이 사람을 만들어 가나 보다.

　　+**다바코야상** '담뱃가게'를 뜻하는 다바코야[たばこ屋]에 상(さん)을 붙여 높여 부른 말. 상점의 사장을 뜻하기도 하고, 상점 자체를 뜻하기도 한다. 일본은 상점에도 'さん'을 붙여 높여 부르는 경향이 있다.

도쿄는 꿈맛

간짱 아저씨가 얼마 후 있을 자이언츠와 요코하마의 경기에 데려가 주겠다며 내 몫까지 티켓을 챙겨 주셨다. 전 같으면 재미도 없는 야구 경기에는 절대 안 간다고 사양했을 텐데 가게 오픈 시간이랑 겹쳐서 못 갈 뻔한 걸 눈을 반짝이며 오카상에게 떼를 써서 허락을 받았다.

한국에서도 가 보지 않은 야구장을 일본에 와서, 그것도 무려 도쿄돔에서 보게 되다니! 아저씨들 사이에 끼어 가는 거라 과연 무슨 대화를 나누며 경기를 관람해야 하나 걱정은 좀 된다. 하지만 일단은 즐기기로 마음먹었다.

오카상 고맙습니다.
열심히 응원하고 와서 열심히 또 일할게요!

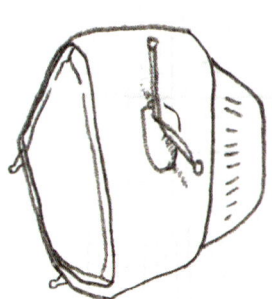

피에르 상의 부재

  우리 반의 분위기 메이커였던 피에르 상이 취업 준비 때문에 학교를 뜸하게 나오기 시작한 지 한 달가량이 지났다. 그러더니 이제 영영 학교를 나오지 않겠다고 한다. 흑흑, 피에르 아저씨 결국 학교 안 나오는 겁니까!

졸음이 쏟아져도, 지각할 게 확실한 시간에 눈을 떠도, 비가 철철 내려도, 그래도 학교에 가면 엔돌핀이 팍팍 솟아날 것이라고 기대하며 침대에서 일어났는데, 이젠 수업 시간이 영 심심해져 점점 학교에 안 나가게 된다. 피에르 상이 있느냐 없느냐에 따라 반의 분위기가 심하게 가벼워지고 가라앉는 것을 실감하고 나자 피에르 상의 존재감이 이리도 컸던가 새삼스럽게 깨닫게 됐다.

더 신기한 건 우리 반 친구들뿐만 아니라 선생님들까지도 피에르 상이 학교를 안 나오는 순간부터 이상하게 힘이 없고 별 감흥 없이 수업을 한다는 거다. 선생님들의 기분까지 좌지우지 했던 피에르 상의 놀라운 능력!

삐에르 상의 빈자리가
이렇게 클 줄이야……

선생님도 뭔가 기운이 없어 보이고

사람들도 뭔가 기운이 없다.

평소, 삐에르 상의 출철살인 개그에
묻혀 조인자를 고수하던 피터.
그의 노력을 눈물나게 가상하다.

과장해서 웃기.

괴상한 표정 짓기.

오버액션.

이건 뭐지?

피터……

그렇게까지 안 해도 돼.

근데
삐에르 상의 빈자리보다 더 짠한 것은
피터의 원맨쇼다.

뭘 해도 안 웃긴다.

도쿄는 꿈맛

조급한 마음 갖지 말고 조금씩 천천히 쉬어 가면서 기다
리다 보면 어느새 또 한층 성장해 있을 거다. 그때를 기
다리자.

제자리 걸음

사정이 이렇다 보니 난 점점 더 학교에 흥미를 잃게 됐다. 아침엔 침대에서 뒹굴거리는 시간이 늘어났다. 결국엔 출석률이 간당간당할 정도로 학교를 자주 빠졌다. 매일 아침 담임 사쿠마 선생님의 음성 메시지를 들으며 잠에서 깨는 날이 허다했다. 아이고, 전문학교에 가려면 출석률 관리를 잘해야 되는데 이래서 어떻게 하나, 하는 생각이 들지만 그래도 재미가 없는 걸 어떻게 해, 하는 핑계로 이젠 대놓고 알람도 안 맞추고 잠을 잔다.

강제성은 없지만 그래도 전체적으로 회화 위주였던 수업 방식과 매일 있는 한자 테스트 덕에 학교를 잘 나가던 초반에는 일본어 실력이 그야말로 팍팍 고공행진을 했다. 그러나 학교를 안 나가기 시작한 요즘엔 내 일본어 실력이 제자리걸음을 하고 있다는 것을 실감하게 된다. 제일 처음 일본어가 더 이상 늘고 있지 않다는 것을 실감한 건 TV를 보면서였다. 하루하루 눈에 보이는 한자의 양이 빠르게 늘어나고 들리는 단어들도 하루가 다르게 많아지던 초반 몇 개월에 비해 요새는 들리는 단어며 보이는 한자들은 내가 이미 알던 것들에 그쳤다. 새롭게 들리는 말이나 한자가 아주 드물었다. 게다가 이상하게도 모르는 단어와 모르는 한자들만이 눈에 들어왔다.

사실 계속 학교에 다니면서 아르바이트 자리를 확실히 잡은 이후에는 오카상과 친해지면서 일상적인 대화를 많이 하다 보니 그냥 절로 일본어가 늘어나고 있는 것으로만 생각했다. 그런데 학교에 나가지 않으니까 바로 일본어 실력이 주춤하는 거다. 확실히 학교 덕을 보고 있었구나, 하는 생각이 든다.

아직도 NHK는 80%밖에 못 알아듣겠고, 개그 프로그램은 말이 너무 빨라서 반밖에 알아듣지 못한다. 자꾸 이런 식으로 학교에 안 나가다간 정말 반밖에 못 알아먹는 상태로 귀국할지도 몰라! 안 돼, 열심히 학교 나가자, 안나야! 다시 초심으로 돌아가서 우등생이 되는 거야. 출석률 100퍼센트, 장학금도 받아 보자, 좀!

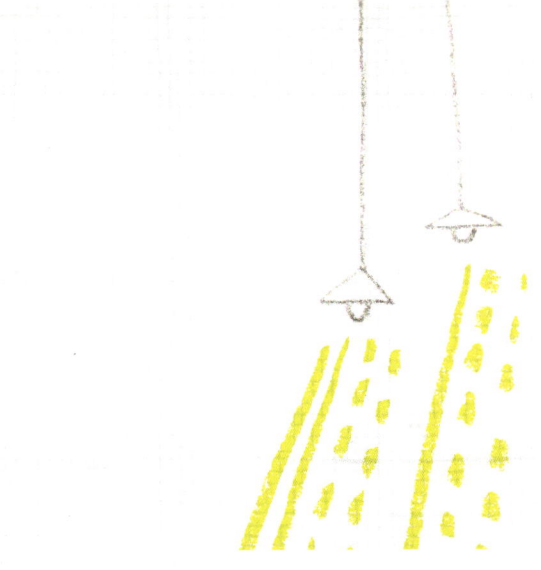

도시락은 뱃살이 되어

누가 일본 음식이 싱겁다 했는가..

일본 음식은 .. 짜다!

게다가 일본 음식은 대부분

 해물 아니면 버섯

물컹의 대명사

입 안에서 물컹거리는 건 잘 못 먹음

도쿄는 꿈맛

초콜릿 중독증

　5명이서 동거 생활을 하고 있다고는 하지만, 말 그대로 '동거'일 뿐 '가족'은 될 수 없다. 이런 한계 때문에 결국은 '혼자' 사는 거나 다름없는 여기 생활은 아무래도 조금씩 조금씩 천천히 밀려드는 '외로움'과의 사투다. 빠른 속도는 아니더라도 조금씩 영역을 점점 넓혀 가는 공허한 그 자리를 나는 매일 초콜릿으로 메우고 있는 중이다. 뭐 이렇게 거창하게 얘기하긴 했지만, 결국은 한국보다 여기 초콜릿이 훨씬 맛있다는 이야기이기도 하다.
일본은 참 신기하게도 편의점에서 파는 컵케이크 나부랭이조차 너무 심하게 맛이 있다. 100엔 시리즈 과자들도 아무거나 집어 먹어도 만족스러울 정도다. 고3 때를 제외하고는 남들이 부러워할 정도로 먹은 만큼 살로 안 가는 '살 안 찌는 체질'을 자랑하던 내가 여기 와서는 단 몇 개월 만에 초콜릿 폭식으로 인해 눈에 띄게 살이 부쩍부쩍 찌기 시작했다. 무서운 줄 모르고 급상승하는 몸무게를 보며 이제야 심각성을 좀 깨닫기 시작했지만, 초콜릿을 쉽게 끊을 수 없다, 도저히.
이렇게까지 단것이 당길 정도로 스트레스를 받을 만한 일도 없는데, 습관이라는 게 참 무섭다. 몇 개월간 밥 대신 초콜릿을 물고 살았더니 금세 몸이 적응을 했는지, 초콜릿만 보면 온 세포가 반응하는 게 느껴진다. 아, 이러다간 정말 돼지가 되는 건 시간문제일 듯. 초콜릿을 먹으면 먹을수록 힘겨운 다이어트의 문턱을 넘어야 하는 나의 미래가 점점 가까워지고 있다.

다이어트

도쿄는 꿈맛

기약 없는 다이어트 시작!

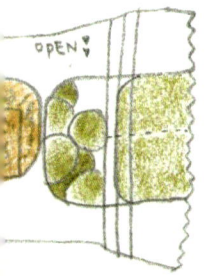

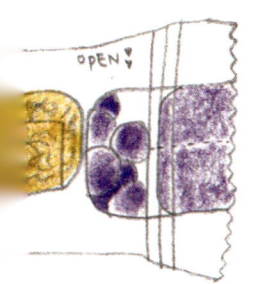

중국인 아니거든요

　내가 한국인이라는 걸 아는 단골손님들을 제외하고는 가끔 가게를 찾는 손님들 중에는 나를 보면 "셰셰"라고 인사하는 사람들이 꽤 많다. 어느 나라 사람이냐고 묻지도 않고 음식을 서빙하는 나에게 아주 자연스럽게 중국어로 고맙다고 인사하는 것이다. 이런 일이 있을 때마다 처음엔 웃으면서 "저 중국인 아니고 한국인이에요"라고 친절히 설명해 줬지만 점차 횟수가 많아지면서 왠지 모르게 화가 난다. 내가 그렇게 중국인처럼 보이나? 길 가는 사람 아무나 붙잡고 물어 보고 싶은 심정이다.

사실 세계 어디를 가나 넘쳐나는 중국인 때문에 딱 봐서 일본인이 아니다 싶으면 '중국인'이라고 사람들이 단정 짓는 것은 어찌 보면 당연한 결과다. 그러나 따지고 보면 세계 어디를 가나 중국인 못지않게 한국인이 넘쳐나는 것도 사실이다. 이런 세계화 시대를 살고 있으면서 어떻게 국적도 묻지 않고 무작정 "셰셰"라고 들이 댈 수 있는 건지…….

여기 일본 여자 아이들처럼 나도 염색 머리에, 떡칠 눈 화장에, 꽃 프린트 아이템으로 무장하지 않으면 영영 중국인 취급받을 수 밖에 없는 건가. '일본 여자들은 개성 있다. 자기만의 패션 철학이 뚜렷하다' 이렇게들 말하지만 와서 보니까 그 개성 있다는 패션이 하나같이 똑같은 개성이라 다 똑같이 생겨 보인다고 속으로 은근히 욕했는데……. 중국인이라고 오해받지 않으려면 최소한 저들하고 비슷하게라도 하고 다녀야 한다는 생각에 약간 서글퍼진다.

꼬마야, 너도 내가 중국인으로 보이는 건 아니겠지?

도쿄는 꿈맛

아르바이트를 하다 답답해지면 항상 가게 뒤편으로 나와
이 담쟁이로 뒤덮인 풍경을 바라본다. 너희들도 분명 제각각 생김새가 다르겠지?
하지만 여기서 보기엔 다 똑같아 보여······.

사람들도 나를 그렇게 생각하겠지?　　　너무 속상해하지 말자, 우리.

염색

　　자꾸만 중국인으로 오해받는 일이 많아지면서 정말 이미지 변신이 필요하다는 것을 깨달았다. 오카상은 "머리가 새까만 색이라 중국인으로 오해하는 거야"라며 염색할 것을 권했다. 그러고 보니 내 나이 또래 일본 여자애들 가운데는 도통 까만 머리를 찾아볼 수가 없다. 왜 그걸 이제 깨달은 건지, 나는 무뎌도 너무 무디다.

동네 시장 골목에 있는 약국+에 가서 염색약을 고르기 시작했다. 종류도 많고, 케이스도 번쩍번쩍한 게 다들 화려하다. 색깔은 거기서 거기인 것 같은데, 어떤 것을 사야 하나. 한참 고민한 끝에 샴푸같이 거품이 나면서 머리를 감듯이 하면 된다는 설명이 적혀 있는 염색약을 발견했다! 난 머리도 기니까, 그냥 크림같이 바르는 것보다는 이게 훨씬 좋겠다는 단순한 생각에 염색약을 두 통이나 사 들고 왔다.

염색 개시. 두 통이나 사 왔으니까 아끼지 않고 좌악좌악 열심히 짜내서 염색을 하기 시작했다. 혼자 하는 것이기 때문에 머리를 감듯이 욕조에 머리를 박고 엎드려서 열심히 약을 바르고 있는데, 눈가가 시큰시큰해진다. 헉, 염색약이 독하다는 걸 잊고 있었다. 엎드린 자세 때문에 머리카락과 눈이 가까이 닿은 상태여서 독한 염색약 때문에 눈에 엄청난 자극이 가해지고 있었다. 1밀리미터도 틈이 없게 눈꺼풀이 찌그러질 정도로 질끈 감아 봐도 소용이 없다.

"으악, 눈 아파!"

아무리 소리쳐도 하우스메이트들은 이미 다 나간 지 오래고, 이미 시작한 염색인데 도중에 머리를 감아 버릴 수도 없다. 일단 그 자세로 끝까지 염색약을 열심히 발랐다.

욕조는 이미 거품 한 가득, 까만 물 한 가득. 염색이 되는 동안 긴 머리를 친친 꼬아서 잔뜩 정수리에 얹어 놓고 매운 눈을 비비적거리며 눈물을 찔끔거렸다. 아플 때도 잘 생각나지 않았던 엄마가 염색약 따위에 눈 따가우니까 새삼스럽게 떠오르는 통에 훌쩍, 콧물까지 흘렸다.

+약국(藥屋) 일본의 약국은 병원 처방전대로 약을 지어 주는 약국과 슈퍼마켓 같은 잡화점 역할을 하는 약국 두 가지로 나뉜다. 잡화점 같은 약국은 대형 마트 같은 규모를 자랑하며, 처방전 없이도 복용 가능한 약품들을 비롯해서 생필품, 인스턴트식품이나 과자 등을 팔아 일반 슈퍼마켓과 크게 다르지 않다.

도쿄는 꿈맛

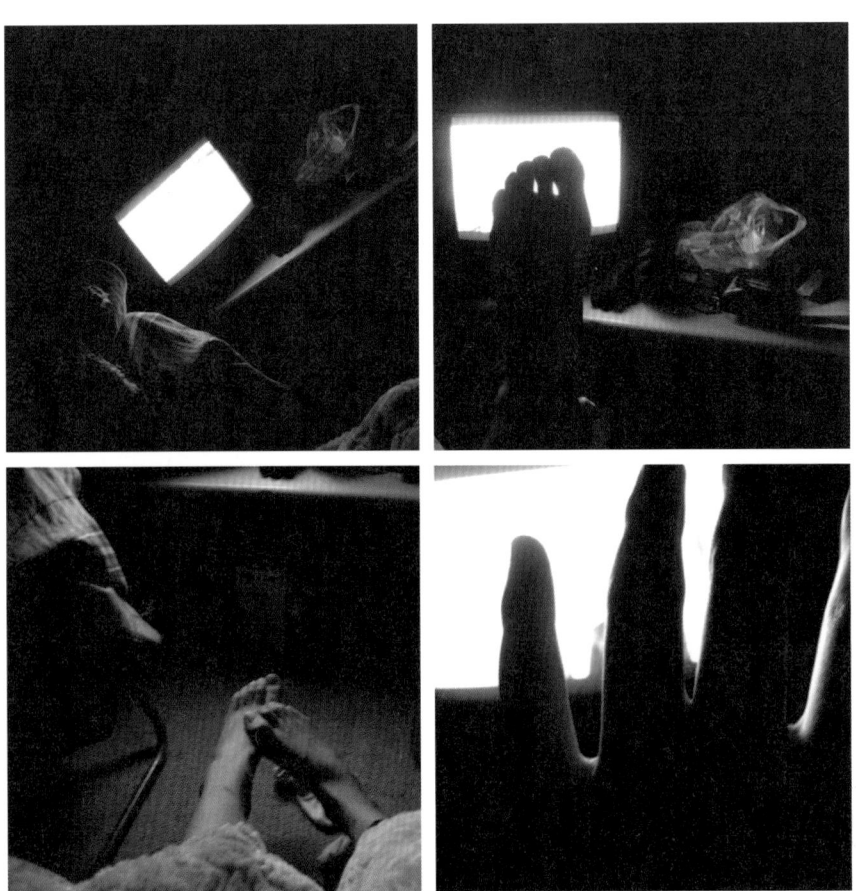

매일 집에서 혼자 이불을 싸매고 TV를 보며 맥주를 마시는 일이 지겨워진다. 사람들을 많이 만나는 유학 생활이지만, 아이러니하게도 정작 사람 냄새가 그리울 땐 언제나 혼자다. 더 힘들어지기 전에 어서 '사람'을 만나러 가야겠다.

도쿄는 꿈맛

수다의 온기

아르바이트가 끝나고 나카노에 사는 같은 반 언니들의 집에 놀러 갔다. 그날따라 웬일인지 전차 사고가 많아 퇴근 시간이 한참 지났는데도 내가 탄 전차에 너무 많은 사람들이 타서 오랜만에 만원 전차에 낀 채로 스이도바시에서 나카노까지 20분이면 가는 거리를 한 시간 넘게 전차를 타고 갔다. 내가 가기 전 미리 모여서 놀고 있던 언니들 역시 신주쿠에서 전차 사고가 나는 바람에 전차 안에 갇혀서 한 시간 넘게 빠져나오질 못했다. 간신히 역에서 나와 택시를 잡으려고 했지만 다른 사람들 역시 갑작스럽게 일어난 사고 때문에 급하게 택시를 잡아 타고 집에 돌아가려는 통에 택시 잡기가 하늘의 별 따기였다. 할 수 없이 신주쿠에서 나카노까지 걸어오기로(!) 결정한 언니들을 기다리기 위해 작은 공원의 벤치에 앉아 두려움에 떨고 있었다.

휑한 공원에 혼자 앉아서 어디선가 칼부림을 하는 홈리스가 나타나지 않을까 점점 불안해졌다. 엎친 데 덮친 격으로 빗방울까지 뚝뚝 떨어지기 시작하는 것이 아닌가. 급하게 우산을 꺼내 들고 앉아 있자니, 신세한탄이 절로 나왔다. 그날따라 자주 신지 않던 구두를 신은 터라 발은 온통 물집투성이가 되고…….

언니들과 나는 결국 새벽 2시가 돼서야 나카노에서 모두 만날 수 있었다. 그러고는 언니들의 집에 들어가 맥주를 한 캔씩 마시고는 뻗어 버렸다. 원래 계획대로라면 지금쯤 우리는 광란의 파티를 벌이고 있어야 하는데, 고생한 다리와 몸을 아무렇게나 널브러뜨리고 맥주의 미미한 알코올 기운에 몽롱해져서는 조용히 빗소리를 들으며 조곤조곤 수다를 떨었다.

밤마다 좁은 방 안에서 이런저런 생각들로 잠 못 이루던 내가 오늘만큼은 높은 천장 아래 따뜻한 노란 조명을 온몸에 받으며 언니들의 속삭이는 수다 소리를 자장가 삼아 스르르 잠이 들었다.

미타마 축제

　　어느 날부턴가 이이다바시 역 입구에 전에 없던 노란 등이 달려 있다는 것을 깨달았다. 처음엔 그냥 장식용인 줄 알았지만 자세히 보니 '미타마 마쓰리'라고 쓰여 있었다.
'마쓰리? 축제!'
가구라자카에 있는 신사 이름이 아닌 낯선 한자라서 읽지 못하고 역무원 아저씨께 위치를 물었다. 다행히 멀지 않은 곳에 신사가 있는 모양이다. 벼르고 벼르다가 마쓰리 날짜에 맞추어 아르바이트를 뺐다. 한 번도 제대로 된 마쓰리를 구경해 보지 못했던 터라 신사로 향하는 내내 가슴이 뛰었다. 가깝다던 역무원 아저씨의 말과는 달리 걸어도 걸어도 신사는 나올 생각을 안 했다. 간혹 게다를 신고 유카타를 입은 청년들이 무리 지어 내려오는 것이 보일 뿐이었다.
무릎 연골이 삐꺽덕대며 제 기능을 상실해 갈 무렵, 어디선가 음악 소리가 새어 나왔다. 빽빽한 나무줄기 사이로 비치는 화려한 등. 북소리, 피리 소리, 노랫소리가 들려왔다.
'도착했다. 미타마 마쓰리!'
입구로 들어서자 말로 표현할 수 없을 정도로 화려한 장관이 펼쳐졌다. 동네에서 그리 멀지 않은 곳에 이렇게도 크고 화려한 신사가 있다는 것에 감탄을 금치 못했다. 빽빽하게 장식된 노란 등들이 웬만한 건물 높이까지 채워져 있었다. 길목 끝에서 끝까지. 노란 빛이 비추지 않는 곳은 없었다. 휘둥그레진 눈으로 연신 셔터를 눌러 대고 있는데, 마침 사람들이 중앙 무대로 보이는 곳에 둥그렇게 모여 춤을 추기 시작했다.
노란 빛을 담뿍 먹은 그들의 넘실거림이 느리면서도 아름답게 축제의 흥을 돋우고 있었다. 남녀노소, 외국인까지 덩실덩실 춤을 추며 에너지를 쏟아 냈다. 난 그 에너지를 고스란히 온몸에 담았다. 집에 돌아가는 동안에도, 방금까지 눈앞에서 너울대던 노란 등과 사람들의 춤사위가 머릿속에서 떠나질 않았다.
집에 돌아오자마자 미타마 마쓰리가 열린 신사 이름을 알아봤다. 이렇게 감동적인 축제에 다녀왔는데 같은 반 사람들에게도 소개해 줘야겠다 싶었다. 모르는 한자였기 때문에 읽을 수는 없었

지만 생김새를 외워 와서 사전으로 찾아봤다. 그런데, "야스……쿠니?"
야스쿠니? 야스쿠니 신사?!
충격이었다. 내가 제대로 찾은 게 맞는지 두 번이고 세 번이고 검색을 했다. 이 '야스쿠니'가 내가 알고 있는 그 '야스쿠니'인지 계속해서 검색을 했다. 맞았다. 어려서부터 뉴스에서 봐 오던 그 '야스쿠니 신사'였다. 방금 내가 황홀경에 젖어 사람들과 덩실덩실 춤을 추고, 눈빛을 나누고, 감동을 받고 돌아온 그곳이, 다름 아닌 '야스쿠니 신사'였다.
이런……. 이런 실수를 저지르다니.
휘황찬란한 분위기에 휩쓸려 구석구석 제대로 보지 않은 내 불찰도 있긴 하지만, 처음부터 신사 이름 따위는 알아보려고 하지도 않았던 나의 무식한 행동이 이런 충격적인 결과를 가져온 것이다. 선조들의 원수가 신으로 추앙받는 곳에 가서 흥에 겨워 즐기다 온 꼴이라니. 얼굴이 화끈거렸다.
입구에 들어섰을 때 떡하니 솟아 있던 거대한 장군 동상과 눈이 마주쳤을 때, 그때 알았어야 했다. 눈치 챘어야 했다. 일본에서는 무엇을 하든, 어디를 가든, 그 시작에는 '공부'가 필요하다는 것을 실감한 순간이었다.
물론 미타마 마쓰리를 즐기러 온 일본인들조차 그 축제의 의미가 무엇인지 뿌리부터 알고 참여하는 사람은 드물다고 본다. 하지만 난 다르다. 난 '한국인'이니까. 정신 차려야 한다. 지하에서 노하실 선조들에게 부끄럽지 않기 위해서라도.
잠들기 전, 베란다로 나가서 내가 할 수 있는 최대한의 깊은 한숨을 내쉬었다. 직성이 풀릴 때까지. 혹시 붙어 왔을지 모를 야스쿠니의 영혼을 몰아내는, 나만의 의식이었다.

씁쓸도쿄

먹이 찾아 삼만리

배고프면 일어나고

배 고프면서 먹을 걸 찾아 냉장고 여행을 떠나지

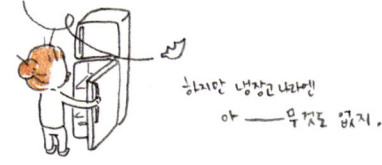

하지만 냉장고 내에는 아 —— 무것도 없지.

그렇다면 밥통 여행을 떠나 볼까!

하지만 밥통 나라에도 아 —— 무것도 없어.

그렇다면 지갑 여행을 떠나 볼까 ♡

말할 것도 없이
지갑 나라에도 아 —— 무것도 없어.

그렇다면......

침대 나라로 다시 가 볼까.

도쿄는 꿈맛

먹이를 찾아 산기슭을 어슬렁거리는 하이에나를 본 일이 있는가.
짐승의 썩은 고기만을 찾아다니는 산기슭의 하이에나
나는 하이에나가 아니라 표범이고 싶다.
산정 높이 올라가 굶어서 얼어죽는
눈 덮인 킬리만자로의 그 표범이고 싶다.
자고 나면 위대해지고 자고 나면 초라해지는
나는 지금 지구의 어두운 모퉁이에서 잠시 쉬고 있다.

조용필 '킬리만자로의 표범' 중

도쿄는 꿈맛

병마와 싸우다 1

일본에 온 이래 최악의 일주일이 지났다. 열이 올라 하룻밤 내내 땀을 죽죽 흘리고 난 후, 열이 내려서 안심한 사이 종합감기의 검은 그림자가 내 온몸을 휘어 감고 있었다. 코감기가 잠잠하면 목감기가 득달같이 몰려오고, 목감기가 잠잠하면 또다시 콧물의 봇물(?) 속에서 허우적대야 했다. 숨을 쉴 수 없어서 잠을 이루지 못한 경우는 내 평생 처음이었다. 미각을 잃은 탓에 밥맛이 없어서 그저 약을 먹기 위해 편의점에서 손바닥만 한 오니기리를 사다가 끼니를 때우는 생활이 이어졌다. 그렇게 일주일이나 보냈다. 아직도 콧물을 훌쩍거리고, 간혹 튀어나오는 기침에 콜록거리곤 하지만 상태가 아주 많이 좋아졌다. 이게 다 주변 사람들에게 구걸해서 얻은 약들의 효능이랄까.

도대체 난 왜 병원에 가지 않는 것일까? 일단 일본어로 내 증상을 설명하기가 상당히 두렵다고 할까, 귀찮다고 할까. 일본인 의사에게 내 목숨(?)을 맡기는 것도 영 내키지 않는다. 그리고 난 무엇보다, 일본제 주삿바늘을 내 엉덩이에 꽂고 싶지 않다! 왜냐고? 나도 모른다. 그냥 싫다!

아, 정말 지옥 같은 일주일이었다. 손님이 많은 걸 뻔히 알고 있었던, 도쿄돔에서 자이언츠와 세이부의 경기가 있었던 그날도 난 가게에서 조퇴를 해야만 했다. 야구 경기가 끝나면 도쿄돔에서 자이언츠 팬들이 미쳐 버릴 정도로 우리 가게에 들이닥칠 것을 뻔히 알면서도 어쩔 수 없었다. 더 이상 일을 할 수 있는 상태가 아니었기에 까탈스러운 오카상조차 "집에 가라"라고 말할 정도였다. 결국 나는 집으로 돌아왔다. 나중에 들은 이야기이지만, 그날 나 없어서 나머지 세 명이 아주 지옥의 문까지 갔다 왔단다.

내 평생 일주일 넘게 감기를 안고 살아 보긴 또 처음이다. 정말 이러다 폐렴에 걸리는 게 아닌가 싶었다. 웬만하면 아플 때 엄마에게 전화가 와도 태연한 척 절대 말을 안 하는 성격이지만, 이번만큼은 정말 주저 없이 내 아픔을 호소했다.

그것도 오늘, 회복세를 보이기 시작한 오늘, 드디어 엄마한테 전화 온 거다. 이전에 상태가 심각했을 때 아버지한테 몇 번 전화가 왔었지만, 그땐 사실 감기라고 말하지 않아도 내 목소리 자

체가 '감기', '감기'라고 말하고 있었기 때문에, 아버지는 단번에 눈치를 채셨다. 하지만 아버지에겐 응석을 부리지 못하는 성격이기 때문에 난 그저 병원에 갔다 왔다고 거짓말을 했다. 약도 먹었다고 했다. 조금 지나면 나을 거라고 간략히 얘기하곤 전화를 끊었다. 차마 내가 먼저 전화해서 '아프다'고 얘기하긴 그랬는데, 엄마에게 드디어 전화가 온 거다! 사실 난 내심 엄마에게 전화가 오길 기다렸다. 진짜 너무 반가워하며 내 아픔을 호소했다. 일주일째 감기를 앓고 있는데 죽을 것같이 힘들다고 징징거렸다. 전화를 끊고 나니 후회가 밀려들었다. 자나깨나 자식 걱정인 우리 엄마는, 이제 분명히 밥도 제대로 못 드실 텐데……. 내일은 내가 먼저 전화해서 원기 회복한 목소리를 들려 드려야겠다.

   집에서 걸어서 10분에 불과한 거리를 골골거리며 30분을 걸어갔다. 자전거를 타고 가면 5분도 채 안 된 시간에 도착할 수 있지만, 자전거를 탔다간 페달을 밟자마자 앞으로 고꾸라질 것같이 어지러워서 그냥 걷기를 택했다.
머리를 감기는커녕 세수조차 못 해서 극도로 퀭해진 얼굴로, 햇살이 쨍쨍한 봄 같은 따뜻한 날씨에도 털옷을 친친 휘어 감고 기다시피 병원에 도착했다. 기어 들어가는 목소리로 접수를 하는데, 그냥 한국에서처럼 건강보험증 하나만 덜렁 던져 주고 앉아 있으면 될 줄 알았던 접수 과정이 생각보다 복잡했다. A4 사이즈로 한 가득 질의응답문이 적힌 작성지를 나에게 던져 주고 돌아서는 간호사의 뒤통수를 후려치고 싶었지만 그럴 기운조차 없다. 게다가 꼭 그 간호사의 잘못도 아니지 않은가?
가만히 있어도 머리가 팽팽 돌고 위산이 역류해서 병원 바닥에 드러누워 있고 싶은 심정이었지만 작성지의 주관식 문항에 어지럽기만 한 정신을 집중시켜 한자를 섞어가며 일본어로 적어야 하는 것이 엄청난 곤욕이었다. 보통 우리나라에서 헌혈하기 전에 작성하는 그런, 내 몸에 관한 여러 가지 질문에 답해야 했다. 아파 죽겠는데 지금 내가 이런 거 쓰고 있어야겠느냐는 말이다.

여하튼 우여곡절 끝에 지금 증상까지 모두 적어 넣고는 진료 차례를 기다리는데, 하나둘씩 예약자들이 등장하기 시작한다. 아니 무슨 동네 병원이 그렇게 예약을 받아대는지, 나를 제외한 모두가 예약 환자였다. 덕분에 내 진료 순서는 자꾸자꾸 뒤로 미뤄졌다. 게다가 한 사람당 진료 시간은 20~30분을 육박했다.

일본은 이게 문제야! 공공기관의 일처리 속도가 정말 우리나라의 10분의 1에도 못 미치는 것 같다. 사실 한국 사람들의 '빨리빨리' 문화가 문제라고 많이들 이야기하지만, 나는 그게 절대로 나쁘지만은 않다고 본다. 빨리 좀 해라 제발, 일본인들아!

난 위염과 장염이 겹쳐 있는 상태였다. 몸 안의 물이란 물은 한 방울도 빠짐없이 전부 다 빠져나가 힘없이 병원 소파에 축 널브러져 있던 나는, 7명가량의 예약 환자들의 진료가 끝날 때까지 기다리며 게거품을 물기 직전이었다.

"호상~."

간호사의 간드러지는 목소리가 들렸다. 아, 드디어 진료인가! 드디어 그 비싼 의사의 얼굴을 볼 수 있는 것인가. 쾌재를 부르며 간신히 진료실 안으로 들어갔다. 의사는 얼굴의 반 이상을 덮는 마스크를 하고서 대강 인사만 건넨 뒤 내가 아까 적었던 증상들을 죽 훑어보면서 아무 말도 하지 않았다. 뭐지? 왜 말을 안 하지? 내가 외국인이라서 말을 안 거는 건가? 아니지. 내가 이렇게 일본어로 또박또박 적어 놓은 걸 보면 내가 일본어를 할 줄 안다는 걸 알고 있을 거 아니야. 근데 왜 말을 안 걸지? 의사가 뭐 이래? 이런 복잡한 생각들이 머릿속을 휘젓고 다녔다. 마침내 의사는 "링거를 맞으시겠어요?"라고 물었다. 난 2초 정도 머뭇거린 끝에 "하이(はい, 예)"라고

대답했다. 그렇게 내 진료는 끝났다.

내 앞에서 한 사람당 20분을 육박하게 질질 끌던 그 진료는 어디로 간 건가. 왜 난 단 5분 만에 진료가 끝난 거지? 외국인 차별인가? 차마 말을 꺼내지는 못하고 속으로만 흥분하며 진료실에서 나왔다. 의사의 처방대로 링거를 맞을 때까지 또 30분가량을 기다려야 했다. 제발, 일처리 좀 빨리빨리 해라, 인간들아!

내가 링거를 맞기 시작할 때쯤 병원은 문 닫을 준비를 하기 시작했다. 내가 마지막 환자였다. 일본제 주삿바늘이 내 혈관을 뚫는 것이 이유 없이 상당히 불쾌했지만 포도당인지 뭔지 모를 어떤 약물은 계속해서 내 몸속으로 들어가고 있었다. 10분 정도가 흐르자 하얗게 질려 있던 내 얼굴색이 점차 정상적으로 돌아오기 시작했나 보다. 나를 살피러 온 간호사가 이제는 좀 살 것 같으냐며 방긋 웃어 보였다. 그런데 정말 거짓말같이 현기증도 없어지고 위장도 편안해지는 것이 '살 것 같았다.' 링거가 이렇게 효과적인 것인지 20년 넘게 살면서 일본 땅에서 처음 알았다. 조금 전까지만 해도 느려 터진 일처리 속도 때문에 간호사들에게 화가 났던 나였는데, 지금은 날 내려다보며 엄마 같은 미소를 지어 주는 간호사가 천사같이 보이기만 한다.

일본에서 건강보험을 등록하고 꼬박꼬박 보험료를 내면서 '아, 병원에 한 번도 가보지 않고 한국으로 돌아가면 손해일 텐데……'라고 생각했던 순간들이 떠오르면서 '와, 이제 병원에 와서 건강보험 혜택을 받았으니까 손해가 아니다!'며 씁쓸한 쾌재를 불렀다.

병마와 싸우다 2

얼마 후, 난 감기에 이은 또 다른
병마에 휩싸여 쓰러져 가고 있었다.

거의 기를 토하듯
기어서, 기어서
병원에 갔다.

근데 이놈의 일본 병원은 죽어 가는 사람한테
뭘 그리 작성하라는 게 많은 건지!
(알레르기, 약 복용 여부, 헌혈할 때 같다.)

의사는 진료하는 내내
아까 내가 작성한 종이들을 읽으며
뭐라 예만 하고는 병명도 말 안 해 주고
링거 맞으란다!

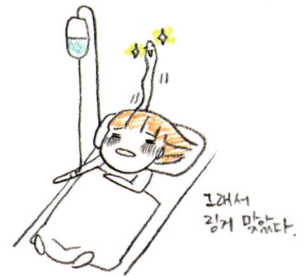

그래서
링거 맞았다.

쓸쓸도쿄

약국 갔더니 또 뭘 그렇게 적으라는지!

약 받고 다시 집에 기어가서

아까 죽어 가느라 미처 발견 못 한 내, 이름!

일본엔 'ㅓ' 발음이 없어서 그냥 'ㅗ'라고 씀.

도쿄는 꿈맛

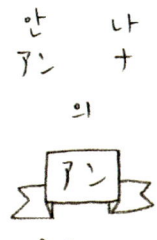

의

을 쓸 때.

사람들이 이렇게 읽어 버린 거다.

안 그래도 일본 와서 운 안나라고 불려 짜증나는데 거기다, 만 나까지……

왠지 이런 느낌이잖아.

어쨌든 내 이름 돌려줘~.

병원에 가려면?

1. 건강보험을 먼저 들어야겠죠.
'워킹홀리데이비자'는 건강보험이 의무가 아니지만, 저와 같은 '취학비자'의 경우라면 1년 이상 체류 시 건강보험가입이 의무화돼 있기 때문에 외국인 등록증을 신청하는 동시에 건강보험에도 가입해야 합니다. 구청에 가면 한국어가 능숙한 직원 분이 창구에서 신청법을 알려 주기 때문에 걱정할 것 없어요.
+ 보험료는 유학생의 경우 월 1500~2000엔, 워킹비자생은 월 3000~5000엔 정도.
+ 보험에 가입한 상태라면 의료비의 30%만 부담하고 치료받을 수 있습니다.

2. 처음 방문하면 적어야 할 것이 많아요!
'빨리 빨리' 정신이 강한 우리나라의 경우, 아파 죽겠는데 이것저것 적으라고 했다간 욕을 바가지로 얻어 먹기 십상이지요. 때문에 요새는 아예 주민번호만 대면 간단히 병원 접수가 끝납니다. 하지만 일본의 경우 처음 방문했을 때 작성하는 설문지가 있습니다. 열이 38도까지 치닫고 속이 울렁거리는 상황 속에서도 설문지의 수많은 질문을 번역해 가며 답하는 것은 고역 아닌 고역. 의사 선생님께 치료받으려면 이 정도는 감수해야겠죠. 약국도 마찬가지입니다.
+ 질문지의 내용은, 보통 우리가 헌혈을 하기 전에 받는 설문지와 비슷합니다.
  평소 앓고 있는 질병이나, 복용하는 약물이 있는지, 알레르기가 있는지 같은 간단하지만 고차원의 한문이 등장하는 질문지이기 때문에 주의하시길.

3. 우리나라 병원 시스템과 똑같지만 조금 다른 점이 있다면 처음 접수할 때 누구 소개로 왔는지, 소개장을 가져왔는지를 물어본다는 것.
주변 사람들의 평가나 의견을 중요하게 생각하는 일본 사람들의 전형적인 모습이 드러나는 부분입니다.

병원 진료권

건강보험증

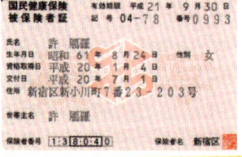

참치야

도쿄는 꿈맛

다카하시 할배

내가 일하는 이자카야의 화장실 개보수 공사가 시작됐다. 개점한 지 10년도 넘은 가게라 케케묵은 수세식 화장실을 고치기 위해서였다. 화장실 공사를 하면 가게도 당분간 휴업하지 않을까 기대해 봤지만, 구두쇠 사장은 근처 상가 화장실로 손님들을 안내하라며 정상영업을 지시했다.

공사 인부들 역시 자신의 지인들로 구성된 최대한의 싼 인력의 할아버지들이었다. 그중 붙임성 좋은 대장 할아버지와는 공사 기간 동안 이런저런 대화를 주고받을 수 있었다. 할아버지는 내가 학교에서 배운 문법을 그날그날 활용해 볼 수 있는 연습 대상으로 더할 나위 없이 훌륭했다.

공사 마지막 날, 여느 때와 다름없이 다른 인부들은 먼저 돌아가고 대장 할아버지만 남아 뒷정리를 하고 있었다. 오카상은 수고 많았다는 말과 함께 생맥주를 한 잔 대접하고는 내게 가게를 맡기고 잠시 장을 보러 나갔다. 할아버지와 둘만 가게에 남게 됐지만, 전에도 종종 있는 일이었기 때문에 크게 개의치 않았다. 난 조용히 맥주를 홀짝거리고 있는 할아버지 주변을 바쁘게 돌아다니며 가게 열 준비를 하고 있었다. 혼자 일하고 있는 것이 안쓰러워 보였는지 할아버지는 마시던 맥주잔을 내려놓고 어느새 하나씩 일을 거들어 주기 시작했다. 괜찮으니 앉아 계시라고 한사코 만류하는 내게 도와주고 싶어 그런다며 던진 한마디는 "목선이 참 예쁘구나"였다.

에? 갑작스럽게 느끼한 말로 뒤통수를 한 대 맞은 나는 동물적인 감각으로 일이 이상하게 돌아가고 있다는 것을 직감했다. 재빠르게 대수롭지 않은 말투로 고맙다는 말을 내뱉은 후 주방으로 피신했다. 피신이라고 하지만 주방이 트여 있는 구조였기 때문에 단지 분리된 공간으로 자리를 옮긴 것에 불과했다. 할아버지는 방금 전의 그 말을 시작으로 쉬지 않고 작업 멘트를 날렸다. 몇 시에 일이 끝나느냐, 남자 친구는 있느냐, 하나비(花火, 불꽃축제)를 보러 가지 않겠느냐, 목걸이를 선물해도 되겠느냐는 등 보통 내 또래 남자가 데이트 신청을 하듯 열을 올리고 있었다.

그동안 말동무로 몇 번 상대해 준 것이 화근이었으리라. 이 할아버지는 엄청난 착각의 늪에서 헤어나오지 못하고 있었다. 계속해서 대답을 회피하는 내게 전화번호까지 요구하기 시작했다. 제

빨 오카상이 빨리 돌아오기만을 바랐지만 오늘따라 오카상은 돌아올 생각을 안 한다. 계속해서 거부하는 나에게 점점 언성을 높이는 할아버지.
바로 며칠 전 뉴스에서 봤던 묻지 마 살인사건이 떠올라 괜히 생명의 위협을 느끼고는, 덜컥 전화번호를 적어 주고 말았다. 안 받으면 그만이니까 괜찮을 거야, 라는 생각을 하면서.
"이름이 뭐지?"
금세 만족스러운 표정으로 만면에 미소를 띤 할아버지가 물었다.
"허…… 안나요."
"음, 예쁜 이름이군."
또 한 번 느끼한 말로 일격을 날린다.
"나는, 다카하시. 잘 부탁해(おれは高橋. よろしく.)"
내가 살면서 듣도 보도 못한 세계 최강의 기름진 자기소개였다.
타이밍도 적절하게 모든 절차가 끝났을 무렵, 커다란 장바구니를 들고 오카상이 돌아왔다. 기름 왕자…… 아니 기름 할배 다카하시는 오카상이 나타나자마자 언제 그랬냐는 듯 특유의 여유로운 표정으로 곧장 퇴근길로 향했다.
다카하시가 나가자마자 오카상에게 여태까지의 일을 이야기했다. 놀란 표정으로 끝까지 들은 오카상은 내가 올 때까지 기다려야지 덜컥 전화번호를 줘 버리면 어쩌느냐면서 '바카(ばか, 바보)'라는 말과 함께 꿀밤을 한 대 때리셨다. 그러게 오늘따라 왜 이렇게 늦게 오셨냐고요, 오카상~.
자나 깨나 남자 조심. 변태 할배 특히 조심.

전문학교의 실체

　　이케부쿠로의 선샤인 빌딩에서 진학 박람회가 있었다. 어학교에서 진학에 관심 있는 학생들을 모아 데려가겠다고 하기에 나도 평소 관심 있던 전문학교에 대해 좀 더 깊은 정보를 얻어 내고자 아르바이트 시간도 미루고 쫓아갔다.

정말 많은 학교가 크고 작은 부스를 만들어서 그 넓은 공간을 꽉 채우고 있었다. 부스마다 선생님이나 재학생들이 모여서 관심을 보이는 학생들에게 이것저것 체험하기를 권했다. 질문하는 사람들에겐 입학 과정이나 커리큘럼에 대해서도 1 대 1로 성실하게 대답해 주고 있었다.

우리가 도착했을 땐 이미 많은 사람들이 박람회장에 모여 있었다. 흑인, 백인, 아시아인 등 정말 각양각색의 사람들이 한자리에 모여 한 가지 목적을 가지고 이리저리 움직이는 모습은 장관이었다. 박람회장은 일본어, 영어 할 것 없이 다양한 외국어로 시끌벅적했다.

여러 학교들뿐만 아니라 봉사단체라던가, 각종 동아리의 부스도 눈에 띄었는데 가벼운 추첨 이벤트를 비롯해 과자를 따 먹을 수 있는 링 던지기 게임, 외국인들이 일본 문화를 체험해 볼 수 있도록 다도회나 기모노 입어 보기 등의 자리를 마련해 놓고 있었다.

우리도 삼삼오오 짝을 지어서 각자 관심 있는 학교의 부스에 찾아가 보거나, 게임 부스에서 게임도 하고 문화 체험도 하면서 즐거운 시간을 보냈다. 나는 주로 애니메이션 학과가 개설된 전문학교의 부스를 돌며 졸업 작품 DVD를 긁어모으는데 사력을 다했다. 역시나 애니메이션 왕국답게 유학생 중 대부분이 만화, 애니메이션 학과가 개설된 학교에 관심이 많았다. 그중에서도 인지도가 높은 학교는 부스 크기도 다른 학교의 두 배 이상이었다.

박람회에 가기 전에도 여러 전문학교 홈페이지를 통해 입시 자료를 미리 봐 놨던 상태였지만, 사실 입시 자료들은 다들 자기네 학교가 뛰어나다고 홍보하는 데만 그칠 뿐이지 실질적인 정보는 얻을 수 없다. 그래서 나는 이런 홍보 자료보다는 졸업 작품의 수준을 보고 최종적으로 어떤 학교를 선택할지 정하기로 했다.

집에 돌아와서 떨리는 마음으로 DVD를 하나씩 재생했다. 한국에서부터 1지망으로 꼽고 있었던 일본공학원의 졸업 작품을 시작으로 도쿄애니메이션학교, 도쿄디자인학교, 시부야디자인학교 등등 여러 학교의 작품을 훑어봤다. 이렇듯 많은 학교들에서 배출된 졸업 작품이 다 담긴 DVD를 본 후의 느낌은, 충격, 그 자체였다.

분명, 내가 가져온 DVD가 '졸업 작품'이 맞는 걸까. '과제'가 담겨 있는 건 아닐까 하는 착각을 불러일으킬 정도로 생각보다 수준이 낮은 작품들이 대부분이었다. 난 애니메이션 전공은 아니었지만 한국에서 다니던 대학의 학부에 영상 과목도 한 분야를 차지하고 있어서 문외한은 아니었다. 그때 배운 편집 툴을 이용해 2학년 때 혼자 힘으로 3분짜리 애니메이션을 만든 적이 있다. 감히 말하지만, 여기 전문학교 졸업 작품들 중 심한 것은 내가 얄팍한 지식으로 만든 3분짜리 애니메이션보다 못한 수준이었다.

애니메이션의 천국이라는 나라에서 전문학교에 들어가서 진정한 애니메이션을 배우고, 한국에 돌아가 복학한 뒤 그 기술로 졸업 작품을 만들고 그 멋진 졸업 작품 포트폴리오로 취직을 하고! 애니메이션으로 흥하리라!!! 라고, 단단히 마음먹고 3년을 일본에서 뿌리박을 준비를 하고 왔던 나는 패닉 상태에 빠져들었다. 미래를 다시 설계해야만 하나 하는 중압감에 눈앞이 깜깜했다.
물론 전문학교는 아주 기초 단계부터 학생들을 가르친다는 것과 4년제 대학이나 전문대학보다는 수준이 떨어진다는 것은 알고 있었다. 그리고 내가 애니메이션을 한 번도 만들어 보지 않은 사람이라면 이렇게까지 충격에 빠지진 않았을 것이다. 하지만 난 이미 비슷한 과정을 2년 밟은 휴학생이었고, 애니메이션을 제작한 경험도 있었다. 내가 배워야 할 곳은 전문학교가 아니라 실무 현장이었다! 포트폴리오를 더 만들든, 다니던 학교를 우수한 성적으로 졸업하든, 어쨌든 내 미래에 '전문학교'는 이제 더 이상 자리하지 않았다.
전문학교 진학을 목표로 서둘러 일본 행을 선택했던 나에게는 졸지에 목적이 사라진 유학길이 돼 버린 셈이었다. 앞으로 얼마나 더 지금보다 알차게 나의 1년을 후회 없이 보내느냐가 가장 큰 과제로 남았다.

세리 상의 낚시질

도쿄는 꿈맛

방심은 금물

일본에서 아르바이트 할 때
제일 좋은 건

면전에 대고 반말(막말)을 할 수 있다는 것
★ 물론 한국어로 ★

엄마야

조센징, 그리고 독도

　예전에 한국에서 인터넷을 하다 발견한 배우 배용준의 기사가 생각난다. 독도가 한국의 땅이라고 생각하느냐는 일본 기자의 질문에 애매모호하게 답변을 해서 문제가 됐던 그 기사. 나 역시 그 기사를 보며 혀를 끌끌 찼고, "아니 당연히 독도는 우리 땅!이라고 확실하게 말했어야지 뭐야" 하며 혼잣말로 불평을 늘어놨었다. 나라면 당연히 "Yes"라고 당당히 대답할 거라고 생각했었다. 그런데 이곳 일본에 온 뒤 참 바보같이도 그 대답이 한번에 나오지 않았다. 사실 우리만큼 독도에 열정적인 관심을 쏟지 않는 일본인들의 무관심함에 의욕을 잃기도 했다. 장난스럽게 "그냥 반반씩 나눠 가지면 되는 거 아니야?"라며 우스갯소리로 넘겨 버리는 일본인들에게 "독도는 우리 땅이에요!"라고 울분을 토해 봤자, 흥분하지 말라는 눈빛만 되돌아올 것 같은 예감이 들었다. 그저 '다케시마'가 아니고 '독도'라고 고쳐 말해 주는 것이 내가 할 수 있는 전부였. 그저 정치인들 간의 잇속싸움이라고밖에 생각하지 않는 이들의 무관심이 오히려 날 더 아프게 했다.
이 상처가 언젠간 깨끗이 아물 그날이 오기를.
부디 일본이라는 나라가, '가깝고도 먼 나라'가 아닌
'가까운 이웃 나라'가 되는 그날이 오기를.

역사적인 문제만 없었다면, 그냥 웃고 넘어갈 수 있었던 말실수.
우리의 아픔이 사라지기까지 얼마나 긴 시간이 더 필요한 걸까.

도쿄는 꿈맛

쓸쓸도쿄

도쿄는 꿈맛

향수병

　　　　그분이 오셨다, 드디어……. 그 이름도 유명한, 향. 수. 병.
요즘 들어 피에르 상 없는 학교는 재미도 흥미도 없어져 가고 있다. 아르바이트에 익숙해져 가면서 몸은 편해지고 있지만, 그와 동시에 매일 똑같은 일상의 반복에 점점 지치고 지겨워지고 있었다. 일본어로 말하는 것도 짜증나고, 한국 사람들과 한국어로 떠들고 싶다. 한국 드라마, 영화를 보고 한국 음식을 먹으면서 놀고 싶다!

요 며칠 새 다운받아 본 한국 쇼 프로그램이며, 영화며, 드라마에 노트북 하드가 꽉꽉 들어차서 터질 지경이다. 일본 음식도, 편의점에서 파는 오니기리 하나 입에 댈 수 없을 정도로 거부감이 들기 시작했다. 악!! 삼겹살이 먹고 싶다! 신오오쿠보+까지 나가는 건 너무 귀찮고, 동네에 한국 음식점 좀 없나 찾다가 발견한 가구라자카 뒷골목에 자리 잡은 한 식당을 문턱이 닳게 드나들고 있다. 한국인이 별로 살지 않는 동네이다 보니 한국 음식이라고 해도 매운맛보다는 단맛이 많이 나는 김치찌개이지만, 그냥 한국인 종업원에게 한국어로 주문하고 한국 음식을 먹는 것 자체로도 엄청난 위안이 되어 주고 있다.

+**신오오쿠보** 도쿄의 '코리안 타운'이라 불리는 한국인 밀집 지역. 각종 한국 음식점과 한류 매장이 줄지어 들어서 있다. 한국 음식이 그리울 때마다 방문하게 되는 곳.

도쿄는 꿈맛

그리운 마음

　　유학을 하면, 끊임없이 새로운 사람들을 만나는 것이 마냥 신나게 느껴질 줄 알았는데, 새 사람을 만남과 동시에 정들었던 사람을 떠나보내야 한다는 것을 미처 생각하지 못했다. 역시나 내 주변 사람들도 한 사람, 한 사람 떠나가고, 새 사람들이 옆 자리를 메우고 있다.

피에르 상을 시작으로 세리 상도 학교에 나오지 않다가 졸업논문 때문에 프랑스로 돌아갔다. 아푸르 상은 홈스테이 식구들과의 잦은 다툼을 견디지 못하고 갑작스럽게 태국으로 돌아갔다. 이시마루도 워킹 비자가 끝나 스웨덴으로 돌아갔다. 슈크라토 상은 취업 준비 때문에 학교에 나오지 않는다. 정직히 말하면, 사실 슈크라토 상이 나오지 않는 것은 전혀 섭섭하지 않다.

친 상은 우리 반의 레벨이 자기와 맞지 않는다고 생각해서 더 낮은 반으로 옮겼다. 기존 멤버 중에서 남아 있는 사람은 나와 피터, 그리고 코 상, 셋뿐이다. 나머지는 모두 한국 언니들로 채워졌다. 그나마 반 정도는 학교에 흥미를 잃었는지 출석률이 낮다. 내 생각에는 아무래도 피에르 상의 부재가 심각한 활력소의 상실을 낳은 것은 확실한 듯싶다.

이상하게도 한국인이 많아졌는데도 난 더 심한 외로움에 시달리고 있다. 하우스메이트도 두 번이나 바뀌었고, 그나마도 지금 하우스메이트는 성격 차이 때문에 불편하다. '내 사람'이 될 때쯤엔 모두가 떠나간다. 한국에 갈 날도 얼마 남지 않은 판국에, 이제 새 사람들이 내 사람이 될 때쯤엔 그 사람이 떠나거나, 내가 떠나게 될 것이다. 유학 생활 중 가장 견디기 힘든 것은 바로 '내 사람'이 옆에 없다는 것. 날 위로하고 다독여 주고 때로는 혼내기도 해 줄 그런 사람. 사람들 속에 파묻혀 살면서도 끊임없이 '사람이 그리운' 것이 나를 가장 힘들게 한다.

도쿄는 꿈맛

야구 팬 되다

　　　감사하게도 단골손님들이 내 몫까지 챙겨 준 야구 티켓을 쥐고 도쿄돔에 들어갔다. 자이언츠 팬들과 열심히 응원하면서 정말정말 오랜만에 경기에 출전한 이승엽 선수의 황금 같은 홈런도 보고 말았다. 너무 흥분하는 바람에 단골손님 아저씨들하고 손을 붙잡고 하이파이브를 했다. 우리 앞자리에 앉아 있던 모르는 남정네들하고도 하이파이브 하면서 소리를 고래고래 질러 댔다.

야구 같은 거, 이전에는 관심도 없었다. 오히려 매번 경기 때마다 우리 가게에 와서 시끄럽게 떠들어 대는 -물론 단골손님들이지만- 야구 팬들이 정말 싫고 짜증났었다. 하지만 현장에서 직접 보는 '야구'라는 건 정말 대단했다. 뭐, 사실 이승엽 선수가 홈런을 치기 전까지는 굉장히 재미없었다. 그냥 음료수나 쪽쪽 빨면서 앉아 있었지만, 그곳을 둘러싼 '에너지'가 뼛속까지 쭉쭉 흡수되는 게, 이래서 그렇게 목숨 걸고 티켓을 차지하려고 새벽부터 줄을 서는 거구나 하는 생각이 들었다. 아웃에 탄식하고 안타에 흥분하고 홈런에 열광하는 사람들을 이제야 이해할 수 있었다. 1회 초부터 9회 말까지 정말 쉴 틈 없이, 앉을 틈 없이 응원단장들이 흔드는 집채만 한 깃발에 현혹되어 목청이 터져라 응원가를 불렀다. 경기의 흐름에 따라 환호성을 지르고 야유를 퍼부으며 어느새 나는 자이언츠의 골수팬 못지않은 목청으로 응원을 선동하고 있었다.

자이언츠 자이언츠~ 가라, 가라!
(ジャイアンツ~ ジャイアンツ~ 行け行け~ それ~ 行け！)

약발

    요 며칠 변비에 시달리는 통에 자꾸만 가스가 차 올라서 제대로 앉지도 서지도 못하고 오만상을 찌푸리고 있다. 오카상은 신경이 쓰였는지 일본에서 유명하다는 변비약 하나를 추천해 줬다. 학교에서 집에 오는 길에 약국에 들러 약을 사서는 저녁을 먹고 자기 전에 먹어 두는 게 효과가 좋다기에 시키는 대로 하고 잠이 들었다.

그럼 보통 새벽 두세 시쯤엔 반응이 와서 화장실로 직행한다고 했는데, 다음 날 아침이 됐는데도 아무렇지 않은 거다. 약이 잘 안 듣나 보다, 하고 대수롭지 않게 여기고는 학교를 갔다왔는데 문제는 그 이후였다. 방과 후 집에 돌아와서 점심을 챙겨 먹고는 아르바이트를 가기 전 이것저것 딴 짓을 하고 있는데 갑자기 배가 미어지게 아프면서 신호가 오기 시작했다. 그런데 보통 한국에서 먹었던 변비약들의 효과에 비해 좀 격한 반응이었다.

거의 위경련이 일어나는 듯한 고통 때문에 걷지도 못할 정도였다. 겨우겨우 기어서 화장실에 가서는 일을 보고 나오는데 순간 구역질이 올라오며 그대로 다시 화장실로 직행했다. 눈앞이 노래질 때까지 토악질을 한 뒤에야 통증이 가셨다. 새파란 위액까지 다 게워 내고는 몸에 기운이 쫙 빠져나가는 것을 느끼면서 다시 방으로 기어가기 시작했다.

식은땀이 줄줄줄 샘솟더니 순식간에 입고 있던 티셔츠까지 젖어 버릴 정도였다. 눈앞이 노랗다 못해 파래졌고 온통 박테리아 같은 미생물들이 떠다니는 환상이 보이기 시작했다. 입은 타 들어가고 머리는 빙빙 돌았다. 순식간에 쓰러지듯 침대 옆에 주저앉았다. 약간 숨 쉬기가 힘들다고 느낄 때쯤 건넌방에서 미경이가 심상치 않은 기운을 느꼈는지 왜 그러느냐며 내 방 문을 열었다. 어렴풋이 미경이의 모습을 보고서는 정말 1초의 망설임도 없이 "살려 달라"고 했다.

물을 좀 떠 달라고 부탁을 하고 호흡이 가빠지는 것을 느꼈다. 아, 이렇게 일본에서 허망하게 변비약을 먹고 이 세상을 뜨는 건가, 하는 몹쓸 생각이 들었다. 일단은 살아야겠다는 마음에 오카상에게 전화해서 몸이 좋지 않아서 아르바이트를 가지 못하겠다고 통보를 했다. 조금만 더 심각해진다 싶으면 구급차를 부르자, 마음먹는 것과 동시에! 통증이 싹 가라앉았다.

물 한 잔을 마셨을 뿐인데 호흡도 정상으로 돌아오고 식은땀이 멈췄다. 거북한 속도 금세 가라앉았다. 참 신기하게도 금방 정상으로 돌아온 것은 다행이긴 하지만 일본 약이 내 몸에 이렇게도 안 맞는 것인가, 앞으로 몸이 아프면 여기 약은 먹으면 안 되는 건가, 하는 생각들이 머릿속을 스치면서, 왠지 '아르바이트를 안 가도 된다'라는 상황 자체가 큰 약으로 작용한 것이 아닐까 하는 생각이 들었다. 어쩌면 내 위장들이 '오늘은 좀 쉬자'고 반항한 것일 수도 있다. 역시 약은, 의사의 처방 없인 위험하다.

치안 유지

오랜만에 신오오쿠보에 가서 한국 음식으로 포식을 하고 신주쿠 역으로 향하던 중, 온몸에 문신을 한 외국인이 불심검문을 당하고 있는 것을 봤다. 일본 경찰들은 좀 험상궂어 보인다거나, 몸에 문신이 많다거나, 행동거지가 껄렁하다거나 하는 외국인들을 그냥 아무 이유 없이 잡아다가 검문을 한다.

물론 범죄 예방 차원에서 미리 싹을 잡아 낸다는 취지는 알겠지만, 온몸에 문신이 있는 사람 중에도 개과천선하거나 의외로 착한 사람이 있을 수 있는데, 이건 좀 심한 것 같다. 길에 침 좀 뱉고 말투가 험악하다고 해서 모두가 흉악범은 아닐 거란 말이다. 중요한 것은, 같은 껄렁함이라도 '외국인'이라면 무조건 부정적인 쪽으로 생각하고 추측해서 여권부터 뒤집어 까는 그들의 방식이다. 그나마 '인상이 좀 험악해서'라는 이유는 좀 타당한 편이다. 그냥 밤길에 일본어가 아닌 외국어로 전화통화를 하다가 순찰하던 경찰의 눈에 띄면 바로 불심검문이다.

나와 같이 일하는 주연이도 집 근처 편의점 앞에서 한국어로 통화를 하며 걸어가다가 검문을 당했는데, 마침 여권을 갖고 있지 않아서 현관 문 앞까지 경찰이 쫓아온 적이 있었다. 아니, 뭘 어쨌다고?! 아무리 불법체류자가 넘쳐나는 세상이라지만 이거 원 무서워서 길에서 한국말을 쓸 수 있겠나……. 치안 유지 강국인 건 알겠는데, 생사람 잡지는 맙시다.

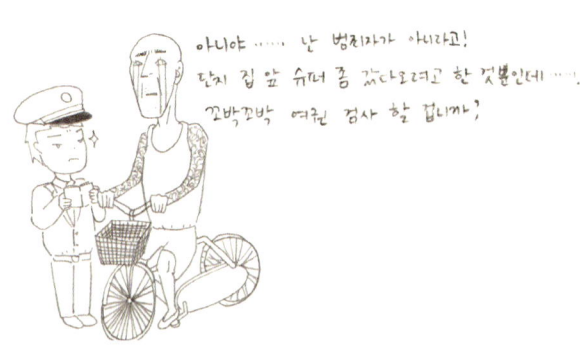

언제나 인파에 휩쓸려 길을 잃게 되는 신주쿠 역에 올 때면, 영락없이 길 잃은 외국인 관광객 꼴이 되고 만다. 이젠 현지인만큼 느긋하게 살고 있는데도 신주쿠 역만큼은 익숙해질 기미가 안 보인다. 두리번대다가 괜한 오해를 살지도 모르니 정신 똑바로 차리고 잘 찾아 나가야 해, 안나야.

도쿄는 꿈맛

어느새 낯설음은 익숙함으로 변했고,
익숙함은 다시 일상으로 녹아들며 쳇바퀴 같은 생활에
진저리를 내고 있다.
내게 탈출구는 있는 것일까?

잡 생각

　도쿄에 온 지도 벌써 7개월째에 접어드는데 난 아직도 진로를 결정하지 못하고 있다. 아직까지 고민하는 거 보면, 정말 전문학교에 갈 마음이 없는 거 같기도 한데 막상 영어를 배우러 가자고 결정하고 나니까 또 미련이 남는다. 그렇다고 전문학교에 가자고 마음을 먹고 나면 또 다시 영어 연수에 미련이 남는다. 뭘까, 이건. 단지 또 예전의 기분으로 돌아간 걸까. 현실 도피. 어떻게든 다람쥐 쳇바퀴 같은 일상에서 벗어나고자 해외로 눈을 돌리는 버릇이 생긴 걸까. 그나마 만만했던 일본도 와 봤겠다, 유럽까지 발을 뻗치고 싶어진 걸까.
　아무래도 '영어가 배우고 싶다'는 건 내가 생각해도 핑계다. 지금 난 아르바이트에 질렸고, 휴식이 없는 생활에 질렸다. 그렇게 좋아하는 '그림 그리는' 일에조차 짬을 낼 수 없는 이 생활에 진절머리가 난다. 이젠 '우울함'조차 느낄 수 없는 상태인지라 특별히 스트레스를 받는 것 같지도 않고, 특별히 짜증이 나는 것도 아니다. 익숙해졌지만, 이 익숙함도 싫다. 익숙함을 벗어나자니, 벌여 놓은 일이 너무 많다. 아, 또 새벽이 되니까 신세한탄이 길어졌다. 이러다 또 지각할라. 여기서 조금만 더 감상적이 되었다가는 위험하다. 자자, 오야스미(お休み, 잘자).

인간관계

　내가 일본에 온 지 어언 9개월. 난 당연히, 나의 안부를 먼저 물어 줄 줄 알았던 사람들이 아직까지도 내가 일본에 있는 것조차 모르고 있다는 사실에 놀라고 있다. 난 당연히, 내가 먼저 안부를 물어야 한다고 생각했던 사람들이 힘들 때나 외로울 때 먼저 손을 뻗어 주고 있는 사실에 새삼스러워 하고 있다. 3개월 후, 내가 한국에 돌아갔을 때 내 옆에 돌아와 줄 사람들이 몇이나 남아 있을까. 이런 생각을 하면 몸이 떨려서 잠이 오지 않는다. 인간관계에 자신이 없어지는 시간들.

안나의 동네 한바퀴
공원 편

고이시카와고라쿠엔

도쿄돔 바로 옆에 위치한 대규모 공원. 집에서 걸어서 15분이면 도착하는 가까운 곳에 있어서 조용히 사색을 하고 싶을 때 자주 찾았던 곳이다. 입장료를 300엔이나 받는 공원이 어디 있나 불평했지만 들어가자마자 언제 그랬느냐는 듯 300엔이면 정말 싸다는 느낌을 받을 만한 예쁜 공원이다. 공원 중앙에 큰 호수를 중심으로 1시간짜리 코스와 30분짜리 코스로 둘레를 산책할 수 있는데, 조용히 산보 나오신 할머니 할아버지들 틈에 끼어 느릿느릿 걷다 보면 어느새 2시간이 금방 지나간다. 숲이 우거져 있다 보니 벌레가 많이 달려든다. 반바지를 입고 갔다간 모기 밥이 되기 십상. 여름에는 긴소매까진 아니더라도 바지만큼은 긴 것으로 입는 것이 좋을 듯.

文京區後樂 1-6-6 (03-3811-3015)

JR소부센 이이다바시 역 동쪽 출구에서 8분 정도 걸으면 보인다. 도쿄메트로 마루노우치센 고라쿠엔 역에서 바로 보이는 도쿄 돔 옆에 있다.

자전거 주차장. 보기만 해도 시원한 대나무로 된 예쁜 장소.

둥근 다리도 있고,

연잎이 가득하다. 봄에는 이렇게 벚꽃이나 매화꽃이 흐드러지게 피어 있다.

도쿄 공원 홈페이지

http://www.tokyo-park.or.jp

도쿄의 유명한 공원에 대한 정보를 한곳에 모아 놓은 사이트. 각 공원마다 하나미[花見] 일정도 확인할 수 있다.

한적하고 조용한 공원.
앉아서 책 좀 읽어 볼까.

날씨가 좋아서 더 청명한 호수.
그리고 하늘.

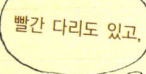
빨간 다리도 있고.

이제 코스를 돌아 볼까?
생각보다 높은 곳이 많아서 무섭다.

겨우 끝이 보인다.
넓은 호수 앞에서 하루 일기를 쓰고 마무리!

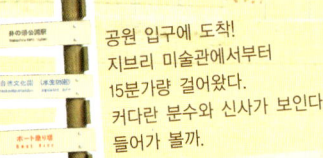

공원 입구에 도착!
지브리 미술관에서부터
15분가량 걸어왔다.
커다란 분수와 신사가 보인다.
들어가 볼까.

빨간 깃발들의 위엄.
신이 이 공원을 잘 지켜주고 계시군요.

자전거 하나, 자전거 둘, 자전거 셋이 지나간다.

앉아서 쉬어 볼까.

일본 드라마에서 자주 노

이제 슬슬 자리에서
일어나 볼까.
안녕, 이노카시라.
또 올게.

여우일까, 고양이일까?

호수를 건너 보자. 작은 신사를 발견했다.

이제 다른 쪽으로 이동, 오리 배 발견!
연인이 타고 나면 헤어진다던데, 조심해.

이제 가만히 앉아 사색을 해 본다.

이노카시라온시 공원

기치조지에 위치한 엄청난 크기의 호수를 가진 대규모 공원이다. 동네 하나가 들어갈 만한 크기의 공원 규모에 깜짝 놀랐다. 아무리 걸어도 걸어도 끝이 나오지 않았다. 공원이 커다란 만큼 휴식 공간도 많고, 나무 그늘도 많다. 벤치에 누워 자는 사람, 책을 읽는 사람, 아이들과 간식을 챙겨 먹는 사람 등등 가지각색의 사람들을 만날 수 있다. 사색이 필요하고 영감을 얻고 싶을 때 자주 갔던 공원. 갈 때마다 이런 멋진 휴식 공간이 잘 꾸며진 동네에 사는 일본인들이 부러워서 견딜 수 없었다.

0422-47-6900

JR주오센 기치조지 역 남쪽 출구에서 걸어서 5분 정도 가면 나온다.

퍼포먼스하는 아저씨 발견!

요요기 공원에 가기 전,
메이지신궁 입구에서 발견한 축제 무리.
북을 친다. 우와 멋있다.

요요기 공원 벼룩시장

날씨가 좋은 토요일이나 일요일에 비정기적으로 열리는 요요기 공원 벼룩시장. 오전 10시부터 오후 4시까지 800여 명의 노점상들이 나와 시장을 꾸린다. 그 큰 광장을 꽉 채워도 모자랄 만큼 넘치는 인파에 치이다 보면 사진 찍기도 포기하는 상황에 이른다. 폐장 시간이 되면 1000엔짜리가 어느새 100엔으로 급락한 걸 발견할 수 있으니 처음부터 예쁘다고 사들이지 말고 꾸준히 밀고 당기기 기술을 발휘하는 것이 관건. 잘만 건지면 새것이라고 해도 손색없을 만한 '완소' 아이템을 헐값에 왕창 구매할 수 있다. 조건만 맞으면 직접 장사도 할 수 있으니 능력 있는 사람들은 용돈 벌이로 도전해 보는 것도 나쁘지 않을 듯. 난 팔 물건이 없어서 못 나갔다.

- http://www31.ocn.ne.jp/~recycler/kaijyou_data/yoyogi.html
- 03-3226-6800
- info@recycler.org
- JR야마노테센 하라주쿠 역의 오모테산도 출구로 나와 이정표를 따라 5분 정도 걸으면 나온다.

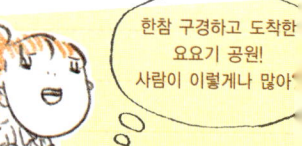

한참 구경하고 도착한
요요기 공원!
사람이 이렇게나 많아

잘 안 팔리나요?
표정이 안 좋네요.

1000엔짜리 가방 800엔에 구입 성공!

꽃분홍 바탕에 에메랄드초록 리본의 위엄.
이건 말도 안되는 색깔 조합도 일본이라서 OK.
손바닥 두개로 겨우 가려지는 앙리볼의
낯간지러움도 여기가 일본이라서 OK.
어찌됐든 지름신의 유혹이라면 언제든지 OK.

맥주 관리

도쿄는 꿈맛

키티 짱

흔히 만화 왕국, 캐릭터 천국으로 불리는 일본이지만, 그중에서도 '키티'에 대한 애착은 최고라고 할 수 있다. 오카상만 해도 집 안에 키티에 관련된 물건들이 잔뜩 있다고 사진까지 찍어서 자랑할 정도다. 오카상은 핸드폰을 프린트에 직접 연결한 뒤 핸드폰으로 찍은 사진을 인화해서 선물하는 것을 좋아했다. 사진을 선물할 때면 반드시 키티가 그려진 프레임 스티커를 붙여서 주는 걸 제일 뿌듯해했다.

이자카야의 단골손님들도 이런 점을 잘 알아서 여행을 다녀오는 길에 꼭 오카상과 우리들 것까지 오미야게(お土産, 특산품·기념품)를 사다가 선물해 주곤 했는데, 오카상의 취향 덕분에 덩달아 우리 것들도 전부 키티 열쇠고리나 핸드폰 고리로 낙찰됐다. 그러고 보면 키티는 일본 전국 각지에 참 많이도 퍼져 있는 것 같다. 어느 지역이든 키티 얼굴이 박혀 있는 오미야게가 꼭 하나쯤은 있다. 키티가 일본의 가장 대표적인 캐릭터라고는 하지만, 아이용이 아닌 어른용 선물 꾸러미에도 키티가 잔뜩 자리를 차지하고 있는 건 좀 너무한 것 같다.

그냥 캐릭터에 불과한 키티에게도 '키티 짱'이라며 마치 살아 있는 아이를 부르듯이 하는 일본인들이 만화라면 무조건 '애들이나 보는 것'이라며 배척하는 한국인들보다 조금은 더 순수한 마음을 유지하고 있는 건 아닐까 하는 생각이 든다.

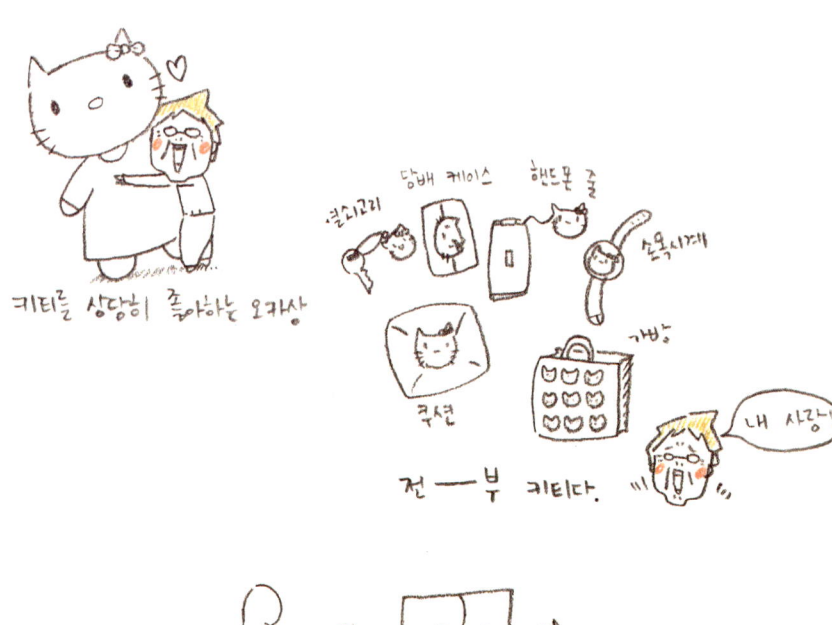

도쿄는 꿈맛

만화의 왕국답게 일본의 캐릭터들은 남녀노소 할 것 없이 모든 일본인들에게 사랑받고 있다. 할머니, 할아버지들까지도 진심으로 캐릭터를 사랑스럽게 쳐다보는 그 눈빛을 보고 있노라면 내 가슴이 다 찡할 정도이다.

온천욕

도쿄는 꿈맛

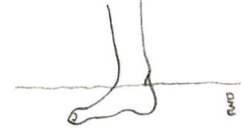

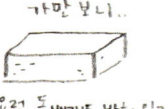

도쿄는 꿈맛

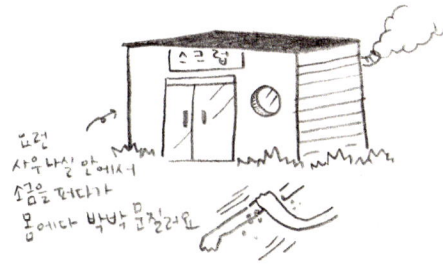

에리코 짱

　　우리 이자카야 단골손님이자 자이언츠 팬클럽 '거혼회'의 멤버이면서 유일하게 장가를 못 간 노총각인 '야마 짱'이 드디어 여자 친구가 생겼다. 동료이면서 절친인 '간 짱'이 도쿄돔에 야구 경기를 보러갈 때마다 야마 짱이랑 그 여자 친구를 데리고 다니던데, 아무래도 중간에서 중매 역할을 한 것 같다. 예쁜 부인에다 자식이 둘이나 있는 간 짱에 비해 항상 혼자 몸으로 시무룩해하던 야마 짱은 여자 친구가 생기고 나자 한층 표정도 밝아지고 자신감도 많이 생긴 것 같아서 왠지 내가 다 뿌듯해졌다.

야마 짱의 여자 친구 이름은 '에리코'. 오카상의 말에 의하면 에리코라는 이름은 보통 여자들이 자신의 본명을 숨기고 싶을 때 가명으로 자주 애용하는 거라고 하던데 혹시? 아무래도 에리코 짱의 이 이름은 가명 혹은 별칭 같다. 아니면 자기만의 애칭인 것 같기도 하고……. 하지만 '에리코'가 본명일 수도 있으니 더 위험한 추측이 난무하기 전에 여기서 스톱! 혹시 음모론을 좋아하는 오카상이 만들어 낸 망상일 수도 있고…….

어쨌든 에리코 짱이 거혼회에 가입하면서부터 여자 회원 수도 점점 늘어났고, 그러면서 아저씨들의 술자리 분위기도 한층 밝아졌다. 분명히 유부남이 대부분인 팬클럽이지만 말이다. 가면을 씌워 놓은 것 같은 화려한 화장 때문에 첫인상은 좀 무서웠던 게 사실이지만 보면 볼수록 매력 있는 여자 분이다.

일하는 아르바이트생들이 전부 한국인인 것을 알고 무척 반가워하면서 한류에 대한 애착도 드러냈다. 실제로 얘기를 나눠 보니 〈겨울연가〉는 물론이고 〈파리의 연인〉이나 〈미안하다 사랑한다〉 등등 한국 드라마도 꿰고 있었다. 한국 남자 배우들의 이름을 숨도 쉬지 않고 줄줄 외우면서 한 명씩 멋있는 이유에 대해 열변을 토하는 모습을 보고 있자니 화려한 화장 뒤에 숨어 있는 소녀 같은 면에 조금은 놀라기도 했다.

나는 성격상 낯선 사람들에게 살갑게 대하지 못하는 성격임에도 단골손님들에게는, 특히나 오카상이 부회장을 맡고 있는 '거혼회' 멤버들에게는 누구보다도 친절하게 대할 수밖에 없었다. 이런

스치듯이 한 말조차 기억해 주고, 따뜻한 진심으로 다가와
주었던 에리코 짱. 잘 지내고 있죠?

도쿄는 꿈맛

나를 잘 봐 줬는지 에리코 상은 우리 가게에 올 때마다 정말 나랑 친해지고 싶다며 언제 한 번 꼭 많은 얘기를 나눠 보고 싶다고 입버릇처럼 말했다. 빈말이 아닌지 핸드폰 번호도 물어봤다. 아, 일본인에게 번호를 따이는 그 순간의 심정이란……. 비록 여자였지만, 드디어 일본인 친구가 생긴 것에 속으로 천지신명께 감사인사를 드리고 있었다.

에리코 짱에게 전화번호를 알려 준 이후에 형식적인 인사치레라고만 생각했는데, 내 생각은 오해였다. 그 이후로 에리코 짱과 정말 자주 정성 들인 문자를 주고받았다.

내 몫까지 티켓을 구해 줘서 손님이 없는 시간대를 이용해 오카상에게 양해를 구하고 도쿄돔으로 야구 경기도 자주 보러 다녔다. 아르바이트 시간에 치여서 관광을 다니지 못했다는 내 말이 걸렸는지 쉬는 날에는 따로 불러 아사쿠사 관광을 시켜 주기도 했다. 에리코 짱은 취미로 비즈 공예를 했는데, 직접 만든 액세서리 몇 개를 선물해 주기도 했다. 자기가 필요해서 손수건을 하나 사려다가 내 것까지 일부러 사서 선물해 주기도 했다.

계속해서 받기만 하는 내 처지가 민망하기도 하고, 또 어떻게 보답을 해야 할지 혼란스럽기도 했다. 일본인들은 반드시 자기에게 돌아올 것을 생각하면서 선물을 준다고 들었는데 자꾸 주기만 하는 에리코 짱의 물량 공세에 난 그저 몸둘 바를 몰라 할 뿐이었다.

처음엔 대체 어떤 보답을 원하기에 이렇게까지 나한테 잘해 주는 건가, 내가 혹시 막 퍼다 주고 싶은 동정심을 불러일으킬 정도로 불쌍해 보이는 건가, 하는 비뚤어진 생각도 해 보았다. 하지만 우메슈(梅酒, 매실주)를 좋아한다고 지나가듯이 했던 말을 기억하고는 집에서 직접 담근 우메슈를 낑낑대고 이자카야까지 가지고 와서 선물해 주던 에리코 짱의 땀이 송골송골 맺힌 그 얼굴이 아직도 잊히지 않는다.

에리코 짱, 야마 짱 하고는 잘돼 가나요?

후쿠오카 소녀

도쿄는 꿈맛

비록 그녀의 이름도 모르고, 전화번호도 모르고, 친구는 되지 못했지만, 그녀의 주정 섞인 말들 중 "한국과 일본 간의 역사적인 문제도 있어서 결정하기 쉽지 않았을 텐데, 이렇게 기꺼이 일본을 선택해서 유학을 와 정말 정말 고맙다"라는 말이 잊히지 않는다. 눈물이 그렁그렁한 큰 눈으로 내 눈을 바라보면서 "우리 잘 살아 보자"고 손을 꼭 잡아 주던 후쿠오카 소녀. 지금은 도쿄 생활에 많이 적응했을까.

가구라레옹

　　학교에서 근처 '가구라자카'에서 열리는 마쓰리에 참가하기로 했다며 신청을 받고 있기에 나도 언니들을 따라 덜컥 신청했다. 마쓰리에 참가하려면 꼭 한 번은 오도리(踊り, 춤) 연습에 참가해야 하는데, 도통 휴가를 내기 힘든 아르바이트 때문에 오카상 눈치를 볼 생각을 하니 그리 내키진 않았다. 게다가 춤이라니! 하지만 이번 기회에 참가씩이나 하게 된 데 의의를 두기로 했다. 엄청난 몸치이기 때문에 어려운 춤이면 어쩌나 하는 걱정에 땅이 꺼졌지만, 아주 간단한 율동 같은 거니까 너무 걱정 말라며 선생님이 날 안심시켜 주셨다. 오, 살았다, 살았다.

　　마쓰리 2주 전, 오도리 연습에 참가했다. 장소는 가구라자카 내에 있는 신사. 매번 수업 끝나고 밥 먹을 데를 찾아다니며 그 앞을 왔다 갔다 한 적은 있지만 신사 안에 들어가 본 것은 처음이었다. 내가 여기 주민 맞나 싶을 정도다. 그날 오도리 연습을 하려고 주민들도 다 같이 모여서 대장 아저씨의 율동을 따라했다. 처음엔 다들 쭈뼛쭈뼛 소심하게 손가락만 까딱거리다가 점점 흥에 겨워 동작이 커지고 목소리도 커졌다. 가만히 있어도 땀이 송골송골 맺히는 도쿄의 습한 밤공기 속에서 흥에 겨워 신나게 웃고 떠들면서 춤을 추기 시작했다.
신사의 몽롱한 향 냄새와 다홍빛 연등들이 내 어깨를 들썩이게 주문을 걸고 있는 듯했다. 본격적인 마쓰리도 아닌, 연습에 불과한 날이었는데도 온몸이 땀으로 샤워를 한 것처럼 흠뻑 젖을 만큼 춤을 췄다. 일본에 간 지 7개월 만에 처음으로 학교 사람들이 아닌 동네 주민들과 몸으로(?) 교감을 할 수 있었다. 오카상의 눈치를 보며 아르바이트 시간도 미루고 참가한 보람이 있었다.

　　마쓰리 당일, 늦은 시각. 신청을 한 학생들과 같이 참가할 선생님들이 학교에 모였다. 우리가 춤추는 것을 구경할 선생님들은 예쁜 유카타를 차려입었고, 춤을 출 사람들은 합피[+]를 입었다. 학교 이름이 대문짝만 하게 박혀 있는 까만 체크 합피였는데, 워낙 두껍다 보니 가만히 입고 서 있는 것만으로도 땀이 비 오듯 쏟아졌다. 춤추기 시작하면 온몸에 땀 비가 내리겠다는 생각에 벌써부터 탈수 증세가 나타날 정도였다.

합피를 다 차려입고 학생들은 각자 자국 국기를 하나씩 가슴에 달았다. 아무래도 어학교에서 다국인이 참가하는 마쓰리다 보니, 학교에서도 이참에 '우리 동네에 ALA 어학교가 있습니다'라고 광고하려고 마음 먹은 것 같다. 일본 합피에 태극기를 왼쪽 가슴에 떡하니 달고 있자니, 국가대표로 가구라자카 마쓰리에 참가하는 것 같아서 왠지 모를 애국심과 자긍심과 부담감이 느껴졌다. 실수하면 안 될 것 같은 생각에 온몸이 더 딱딱하게 굳어 가는 느낌이었다. 안 돼, 안 돼. 열심히 춤춰서! 열심히 땀 흘려서! 젊은 피의 열정을 보여 주는 거야!

마쓰리는 그야말로 별천지였다. 우린 합피 한 장 입고도 "오오, 멋있어. 멋있어"를 연발하면서 국가대표 유니폼이라도 걸치고 있는 것처럼 들떠 있었는데, 가구라자카에 도착해 보니 우리의 합피는 그저 파자마에 불과한 수준이었다. 각양각색의 유카타와 모자, 머리띠, 두건, 머리장식으로 한껏 멋을 낸 사람들, 그 화려함에 기가 눌려 그저 눈을 동그랗게 뜬 채 연신 카메라 셔터만 눌러 댔다. 그룹별로 선두에서는 악기를 연주하는 사람들이 그 그룹을 이끌었다. 악기의 정확한 명칭은 잘 모르겠지만, 소리를 들었을 땐 장구나 피리 같은 느낌? 약간 태평소 같은 느낌의 소리도 들렸다. 거리의 양쪽에는 구경 나온 주민들로 한가득이었다. 거리 한복판은 춤을 추

+**합피** 축제 기간의 사람들이 흔히 입는 일본 옷이다. 옛날에는 무사가 한 집안의 문장을 염색한 합피를 입었으나 후일 장인, 소방사 등도 착용하기 시작했다. 최근엔 축제뿐만 아니라 스포츠 경기를 응원하거나, 백화점 바겐세일 때 점원이 입는 의상 등 여러 용도로 사용되고 있다.

'얏토, 얏토~가구라레응!' 뜻도 모르는 이 구호를 목이 터져라 외치며 열심히 춤을 췄다. 그간 내 머릿속을 가득 채웠던 시름이나 걱정 따위는 온데간데없이 사라졌다.

남녀노소 할 것 없이 모두가 마쓰리를 즐기는 모습은, 왠지 모를 감동으로 다가왔다. 아무리 시대가 변하고, 사회가 발전한다 한들 마쓰리만큼은 옛것 그대로를 유지하려는 일본인들의 고집을 조금은 알 것 같다.

도쿄는 꿈맛

러 나온 화려한 차림새의 사람들로 북새통을 이뤘다. 와, 마쓰리다. 마쓰리. 시작하기 전부터 아드레날린이 과다 분비될 정도로 가슴이 쿵쾅대고 현기증이 일 정도였다. 정신이 거의 반쯤 나가 버린 상태가 되었다. 그래서였는지 평소의 내 성격으로는 상상도 못 할 행동이지만, 근처에 있는 일본인 대학생 무리에게 아무렇지 않게 말을 걸고 다 같이 기념사진을 찍으며 반갑다고 악수를 하고 인사를 했다. "안녕하세요! 한국에서 온 허안나입니다!" 왼쪽 가슴에 당당히 붙어 있는 태극기를 가리키며 나는 얼굴 한가득 미소를 머금었다.

북소리가 들린다.
사람들이 전부 양팔을 하늘 높이 들어올린 채
춤을 추기 시작한다. 이제, 시작이다!

　　　북소리와 피리 소리와 더불어 거리를 빈 틈 없이 메우고 있는 사람들의 엄청난 발소리에 땅의 울림까지 느껴질 지경이었다. 어른, 아이 할 것 없이 외국인까지 달려들어 다 같이 춤을 췄다. 태극기를 알아본 일본 사람들은 연신 "안녕하세요, 감사합니다"라고 외치며 전혀 연관성 없는 아는 한국어 단어들로 반가움을 표시했다. 심지어 '욘사마'를 외쳐 대는 아줌마도 있었다.

시작한 지 5분도 안 됐는데 온몸이 땀투성이가 됐다. 한 손엔 손수건, 한 손엔 부채를 들고 팔락거리며 멈추지 않는, 아니 멈출 수 없는 춤 행렬을 이어갔다. 팔을 줄곧 뻗고 있어야 하는 동작이었기 때문에 그 긴 행렬을 따라가는 동안 어깨에 오십견이 올 지경이었다. 하지만 마쓰리가 절정을 치달을 때까지 단 한 번도 팔을 내리지 않았고, 내려가지도 않았다. 가구라자카 주민들의 끊이지 않는 "감밧테(頑張って, 힘내)!" 응원과 유카타와 합피의 현란한 무늬들이 눈앞을 아른대며 혼을 빼앗아 갔다. 나무 막대기같이 뻣뻣하던 내 뼈마디들은 어느새 말랑말랑한 젤리처럼 녹아내려 무의식 속에서 덩실덩실 춤추고 있었다. 춤을 추고, 땀을 흘리고, 소리를 지르며 심장이 미친 듯이 뛰는 이 순간을 꽤 오랫동안 잊지 못할 것 같다. 얏토 얏토~ 가구라레응+!

+**가구라레응**[神楽連] 가구라자카의 축제행렬을 부르는 말. 춤을 출 때 외치는 구호 중 하나이기도 하다.

안 돼, 안 돼. 열심히 춤춰서!
열심히 땀 흘려서!
젊은 피의 열정을 보여 주는 거야!

화려한 요코하마의 풍경 한편에, 조용하고 소박한 동네의 모습을 간직한 '요시노초'. 가토 선생님 덕분에 이런 예쁜 마을을 방문할 수 있어서 너무나 큰 행운이었다.

가토 선생님 댁

　　　　선생님들 중에서도 통하는 게 많아서 가장 친하게 지냈던 가토 선생님의 집에 초대를 받았다. 야호! 쉬는 시간에 다들 담배를 피우러, 군것질을 하러, 수다를 떨러 밖으로 몰려 나갈 때 꿋꿋이 자리를 지키며 선생님한테 이런저런 말을 붙인 보람이 있었다. 공통의 관심사를 찾아내 끊임없이 대화를 나누고, 만화에 관심이 많은 내게 선생님이 친히 빌려 주신 만화책도 곱게 읽은 뒤 돌려드리고, 우리 반 회식 자리에 꼭 초대해서 같이 어울린 성과가 드디어 나타난 거다.

일본인 집에 초대받은 것은 처음이라 어찌나 떨리던지……. 일본인들은 남의 집에 방문했을 때 "오자마시마스(お邪魔します. 실례하겠습니다.)"라고 말하며 들어갈 만큼 남에게 폐를 끼치고 있는지도 모른다는 생각이 강하기 때문에 혹시나 내가 이 초대를 거절했어야 하는 건가, 하는 엄청난 혼란스러움이 몰려왔다. 오카상이 입버릇처럼 항상 집에 놀러오라고 하는 것을 매일 거절하는 것도 사실 이런 걱정 때문이었다. 맺고 끊음의 정도를 어떻게 조절해야 할지 아직도 감이 잡히지 않는다.

어쨌든 그래도 선생님이라면 내가 유학생이고, 어설프고, 서툴다는 것을 다 이해해 주실 것이기 때문에 일단은 안심하고 심호흡을 하며 요코하마로 향했다. 선생님이 살고 계시는 동네는 '요시노초⁺'라는 요코하마에서도 좀 더 들어가야 하는 도쿄 외곽이다. 역시나 지하철이 복잡한 도쿄. 요코하마 역에서 요시노초로 들어갈 수 있는 '블루 라인'을 찾는 데만 30분이 걸렸다. 언제쯤 이 놈의 도쿄 지하철에 익숙해질는지…….

천장이 머리에 닿을 듯 말 듯, 작은 요시노초 역에 도착했다. 선생님이 말씀해 주신 출구로 나가자마자 마침 기다렸다는 듯이 먹구름이 하나둘 모이고 있었다.

"윽, 누가 아메온나(雨女, '비를 끌고다니는 여자'. 가는 날이 장날이라고 어딜 갈 때마다 꼭 비가 따라다

+요시노초(吉野町) 요코하마 근처에 자리한 작은 동네. 신오오쿠보 못지않게 한국인이 많이 모여 산다. 한국인을 비롯한 다양한 국적의 외국인들이 정착해 사는 곳이기도 하다.

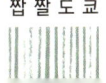

니는 여자를 부르는 말)아니랄까 봐 또 비냐!"

투덜투덜 중얼거리는 사이 가토 선생님과 이제 돌이 지난 선생님의 아들 소타로 짱이 날 발견하고 저 멀리서 반갑게 인사하고 있었다. 한국에선 보통 내 큰 키 때문에 아이들이 날 무서워해서 접근을 하지 않는 편인데, 소타로는 인사를 몇 마디 건넴과 동시에 너무도 활짝 웃어 줘서 눈물이 날 정도로 고마웠다.

선생님의 집에 가기 며칠 전, 혹시 못 먹는 음식이 있으면 말해 달라며 '스시'도 잘 먹느냐고 물으시는 선생님에게 나는 "버섯 요리만 아니면 다 괜찮아요"라고 대답했다. 그땐 혹시 집에 갔을 때 엄청난 요리들이 상다리가 부러질 정도로 차려져 있으면 어쩌나 먹기 전에 "스미마셍, 아리가토 고자이마스(ありがとうございます, 고맙습니다.)"라는 말을 한 50번쯤 반복해서 말해야 하는 건 아닌가 걱정했다. 하지만 다행스럽게도 선생님은 날 스시 집으로 데리고 가셨다.

"안나 상, 스시 괜찮다고 했죠?"

"네, 괜찮아요."

사실 썩 괜찮지는 않았다. 난 해물을 즐겨 먹는 편이 아니다. 선생님에게 스시도 잘 먹는다고 한 것은 그저 스시 집에 가면 특제 계란이라던가, 참치 마요를 얹은 롤 종류를 먹을 수 있기 때문이었다. 하지만 선생님은 회전 스시 바에 앉지 않으시고 주문해서 먹는 자리인 좌석으로 가셨다! 그렇다면 나에겐 이미 참치 마요와 특제 계란은 물 건너간 거다! 패닉! 선생님은 '니기리', 나는 '돈부리'를 주문했는데, 사실 '니기리'가 뭔지 몰라서 그냥 돈부리를 시킨 거였다. 알고 보니 '니기리[握り]'는 '쥐다[握る]'의 명사형으로 '스시'를 다른 말로 '니기리'라고도 하는 거였다. 덕분에 아주 신선한 해물 재료들이 번쩍번쩍 광을 내면서 밥 위에 빼곡히 얹힌 돈부리를 먹을 수 있었는데, 참 맛있었지만 동시에 힘들었다. 왜냐! 앞서 말했듯이 난 해물을 좋아하는 편이 아니다!

하지만 모처럼 선생님이 초대해 주셔서 온 식당에서 인상 찌푸리고 맛없게 먹는다는 것은 있을 수 없는 일. 최대한 맛있게! 행복한 표정으로! 열심히 먹었다. 밥을 먹는 내내 옆에서 계속 외계어로 열심히 떠들면서 선생님이 주는 밥을 먹다 말고 뱉어 내는 소타로 때문에 밥이 코로 들어가는지 입으로 들어가는지 모르게 정신없이 식사 시간이 흘러갔다. 내가 듣기엔 "부뷔뷔버어버뷔버"라고밖에 들리지

않는 소타로의 언어를 선생님은 신기할 정도로 다 알아듣고 계셨다. 역시 모성의 힘은 대단해!
금세 추적추적 비가 내리고 있는 밖으로 나가 드디어 선생님의 집으로 향했다. 어느새 일본의 오락가락한 날씨에 익숙해진 나와 원래 익숙한 가토 선생님은 비상용으로 준비한 각자의 우산을 활짝 펴고 축축한 길을 걸었다. 선생님의 집에 도착하는 순간까지 소타로의 "뷔버버" 언어는 그치지 않았다.
작고 아담한, 주홍빛 조명이 가득 차 있는 선생님의 집에서 블루베리를 얹은 레어 치즈와 쌉쌀한 커피를 대접받으며 열심히 못 다한 얘기를 쏟아 냈다. 물론 선생님은 소타로가 10초에 한 번씩 일을 저지르고 다니는 것을 쫓아다니느라 자리에 앉아 있지 못하고 저 멀리 다른 방 구석에서 연신 목청을 높여 가며 대화를 해야 했기 때문에 말끝엔 항상 "고멘네(ごめんね, 미안)"라든가 "스미마셍"이 따라붙었다.
계속 무언가를 원하고 던지고 입에 넣는 소타로 때문에 나 역시 레어 치즈와 커피가

어디로 들어가는지도 모르게 정신없이 뱃속으로 밀어 넣었다. 너무나 정신이 없는 가토 선생님과 일 저지르기에 바쁜 소타로를 열심히 눈으로 쫓으며 '초대한다고 덜컥 찾아와서 더 귀찮게 하고 있는 건 아닌가' 하고 걱정이 됐다. 하지만 "소타로 때문에 어디 멀리 나가지도 못하고 집에만 있기 때문에 이렇게 누가 찾아오면 너무 기쁘다"고 말하면서 날 안심시키는 가토 선생님의 친절함에 조금 전의 걱정은 저 멀리 사라졌다. 혹시나 이렇게 산만한 소타로 때문에 힘들어하는 자기 모습을 보고 나중에 아이 낳는 걸 싫어하게 되는 것 아니냐며 절대 그러면 안 된다고 충고하는 가토 선생님의 눈빛은 진심이었다.

소타로가 비행기를 탈 수 있는 나이가 되면 꼭 한국에 데려가겠노라고 약속하는 가토 선생님과 헤어지는 순간까지 "붜버버" 언어로 날 정신없게 했던 맑은 아이 소타로, 그리고 정갈하고 소담했던 주홍빛 가토 선생님의 집을 뒤로 하며 오늘도 보석 같은 추억을 하나 만든 것에 대한 뿌듯함으로 두근두근, 심장이 뛰었다.

도쿄는 꿈맛

달과 나와 냉장고 +

　피곤에 지친 몸을 이끌고 방 안 침대에 털썩 주저앉았다. 하루 동안 찌든 땀과 피로, 스트레스들을 침대 매트리스 속으로 깊숙이 밀어 넣듯이 푹신한 침대에 체중을 싣는다. "왔어?" 하고 인사를 건넨 하우스메이트는 어느새 잠들어 있다. 무료한 마음에 TV를 켜기도 그렇고 해서 그냥 냉장고 문을 연다. 차가운 몸으로 내 손길을 기다리고 있던 캔 맥주를 꺼내들고 베란다로 나갔다. 이 시간이면 항상 건너편 집 담장에서 마주치는 고양이가 어김없이 모습을 드러내고 나를 쳐다본다. 고양이에게 눈인사를 건네며 맥주 캔을 딴다. 꿀꺽, 꿀꺽. "캬하!" 목 뒤로 매끄럽게 미끄러져 들어가서는 따끔하게 쏘아붙이는 맥주의 앙칼진 맛이 에어컨 실외기의 웅웅거리는 귀찮은 소음과 함께 날 찡그리게 한다. 어쩌면 하루 중에서 가장 행복한 시간. 맥주 맛에 감탄하며 함께 토해 내는 한숨이 습기가 남아 있는 선선해진 도쿄의 밤공기 속에 섞여 흩어진다.

+달과 나와 냉장고 일본 가수 이키모노가카리(いきものがかり)의 2집 앨범 〈LIFE〉에 수록된 노래 제목 중 하나

정치만담

도쿄는 꿈맛

도쿄는 꿈맛

꿈

향수병 치료 1 ; 요코하마

　　　　유럽 여행을 마치고 도쿄에 와 준 양주를 데리고 무작정 요코하마+로 향했다. 어디로 놀러 갈까 계획도 세우지 않은 채 관광 책자를 뒤지던 중 느릿하게 굴러가는 관람차와 눈이 시리게 파란 하늘이 그림같이 찍힌 사진을 보고 한눈에 반해 학교 수업이 끝나기 무섭게 시부야로 향했다.

요코하마 전철인 '미나토미라이센'을 하루 동안 마음껏 탈 수 있다는 왕복 티켓을 하나 덜렁 들고 전철에 몸을 실었다. 하루 종일 해도 모자랄 그간 쌓인 수다를 전철 안에서 쉴 새 없이 쏟아 내며 도착한 요코하마.

충동적으로 선택해서 나온 출구에서 찌는 듯한 여름 더위에도 아랑곳하지 않고 몸이 시리게 불어오는 요코하마 바닷바람이 가슴속까지 시원하게 불어 들었다. 사진에서 질리도록 봐 온 요코하마의 파란 하늘과 거대하고 느릿한 관람차의 모습이 눈물나게도 예쁜 모습으로 한눈에 들어왔다.

다행히도 평일인 오늘은 관광객들도 그리 많지 않았다. 적당히 선선하고, 적당히 여유로운, 그 어느 것 하나 선을 넘는 것 없이 모두 '적당함'을 유지하고 있는 최상의 날이었다. 오늘만큼은 난 유학생이 아닌 관광객이었고, 그간 쌓인 마음의 응어리를 잊게 해 줄 친구도 옆에 있었다. 그간 일본에 와서 느꼈던 왠지 모를 서러움과 쓸쓸함, 외로움들이 요코하마의 높은 하늘과 잔잔한 바다, 그리고 바람으로 인해 털끝만큼의 찌꺼기도 남기지 않고 깨끗이 씻겨 나갔다.

바다 저 끝, 홀로 외로이 바람을 일으키고 있는 풍력 발전기의 바람개비를 아무런 생각 없이, 아무런 말 없이 바라보던 중 무심코 휘파람을 불기 시작했다. 깜깜한 밤, 피곤에 찌들어 베란다에 쭈그려 앉아 불어 대던 휘파람이 오늘만큼은 청승이 아닌 낭만이 될 수 있었다.

　　+**요코하마** 우리나라의 '인천'과 같이 도심 주변에 위치한 항구 도시. 도쿄에서 그리 멀지 않은 곳에 위치하기 때문에 바다를 보고 싶을 때 자주 찾던 곳이다.

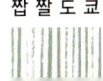

내 곁에 있어 준 친구,
그리고 신선한 요코하마의 바람이 날 그렇게 조금씩,
완전히 치유해 주고 있었다.

도쿄는 꿈맛

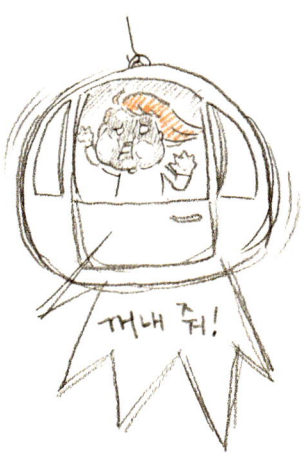
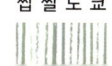

향수병 치료 2

　　양주에 이어 또 한 번 날 구원하러 나서 준 비타와 구쟁이 도쿄에 도착했다. 정말 오랜만에 만났는데도 호들갑은커녕 바로 어제도 만났다는 듯이 "어, 왔어?"라고 첫인사를 건넨 우리. 만나고 나서 한참을 어색하고도 익숙한 웃음으로 한참을 깔깔댔다.

나는 마치 고무줄 끊고 도망간 애를 잡아 달라고 징징대듯이 친구들에게 그동안에 있었던 일본에서의 희로애락을 쉴 새 없이 쏟아 내기 시작했다. 머리를 굴려 대며 억양을 만들어 내서 일본어를 하지 않아도 된다. 그저 생각나는 대로 웃기면 웃고, 슬퍼지면 울면서 내 감정 그대로 쏟아 내기만 하면 된다. 그러면 된다. 하나하나 괴로웠던 일들을 끄집어 낼 때마다 그것은 말로 풀어짐과 동시에 내 기억 속에서 어느새 추억으로 자리 잡고 있었다. 더 이상 '괴로운 일'이 아닌 '지나간 추억'이 되고 있었다. 이곳에 온 김에 한 달도 더 남은 내 생일을 축하해 주겠다며 긴자+의 유명한 롤케이크+를 사 들고 그 번잡한 시부야 거리에서 카페를 찾아 도쿄의 '무시아쓰이(蒸し暑い, 습도가 높은 일본의 찜통더위를 일컫는 말)'를 온몸으로 맞으면서 땀을 뻘뻘 흘릴 때도, 관광 한 번 제대로 못 다닌 내 처지가 너무 속상했는지 "어떻게 여기 사는 애가 단골가게 하나 없니?"라며 한마디 툭 내뱉은 친구에게 버럭 화를 내 버린 그 순간에도, 여전히 친구들은 친구였고 친구인 동시에 내 언니, 동생, 그리고 내 주치의이기도 했다.

다이얼이 끝까지 돌아가 버려 꿈쩍도 하지 않던 내 등의 보이지 않는 태엽을 '친구'라는 이름으로 힘껏 다시 되감아 준 덕에 장장 3개월 동안 날 괴롭히던 향수병이라는 불치병은 완벽히 치유될 수 있었다.

+긴자　주로 부유층이 즐겨 찾는 곳으로, 고급 상점과 백화점이 밀집해 있다. 뒷골목의 환락가가 유명하다.
+긴자의 유명한 롤케이크　고지코너(コージーコーナー). TV 방송에도 자주 소개되는 유명한 빵·과자점이다. 전국에 체인점이 있고, 긴자가 본점이다.

술 한잔

　　새벽 1시. 아르바이트를 갔다 돌아온 미경이가 갑자기 이자카야에 가고 싶다며 방 사람들을 꼬인다. 결국 그 새벽에 다 같이 술을 마시러 나가고 말았다. 장소는 이이다바시 역 근처에 있는 이자카야 '자와타미[座和民]'. 평소엔 새벽 3시까지 운영하지만 금요일과 토요일에는 새벽 5시까지 하는 바람직한 이자카야다. 일본은 도통 밤늦게까지 하는 가게가 별로 없어서 야행성인 나에게는 극도로 불리한 도시다.

오랜만에 무리해서 한 사람당 3500엔 가까이 쓰고 말았지만 역시 먼 타국에서 의지할 거라고는 같은 유학생, 그리고 같은 한국인뿐이다. 5명이 같은 공간에서 같이 살고 있기는 하지만, 허울만 '하우스메이트'일 뿐이다. 각자 사는 게 바빠서 하루에 한 번 얼굴 마주치기도 힘들다. 바쁘고 힘들게, 그렇게 서로의 인생을 짊어지고 살아가는 얘기를 주고받고 있자니 눈물 없이는 들을 수 없는 이야기들이 오간다.

유학 생활이 하루하루 쌓여 갈수록 모두가 설레는 마음을 안고 출국 길에 올랐던 초심을 잃어 가면서 "여긴 어디? 나는 누구?"라고 생각하는 혼란기를 겪게 마련인데, 술 한 잔과 함께 툭 터놓고 진심을 이야기하는 지금 이 순간이 앞으로 남은 일본에서의 생활에 조금이나마 힘이 돼 주진 않을까 하는 희망을 가져 본다.

디즈니 시

도쿄는 꿈맛

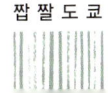

도쿄는 꿈맛

나카노 파티

　이제 학기가 얼마 남지 않아 학교에서 송별회를 하기 전에 같은 반 사람들끼리 따로 모여 송별 파티를 하기로 했다. 장소는 나카노. 우리 반 사람들 중 비교적 넓은 집에 사는 한국 언니들의 집에서 파티를 하기로 결정했다. 요리는 한국 음식으로 낙찰! 대신 음료나 과자 같은 것은 놀러 가는 사람들이 준비해 가기로 했다. 언니들 집에 한 번 놀러간 경험이 있는 내가 하루 동안 가이드 역할을 하기로 하고, 가토 선생님과 피에르 상, 피터 상, 코 상, 친 상을 이끌고 집으로 향했다.

역시 파티 경력이 많은 유러피언은 집에서 미리 와인이나 음료 같은 것을 챙겨 오는 센스를 발휘했다. 게다가 피에르 상은 여자 친구 플로랑스가 맡긴 개까지 데리고 왔다. 개를 강보 같은 데 싸서 머리만 빼꼼히 내민 채로 어깨를 가로질러 메고 있었는데, 키는 전봇대같이 큰 외국인이 쪼그만 강아지를 강보에 싸고 다니는 광경이 어찌나 웃긴지 나카노 역에서 만나자마자 한참 동안 배를 부여잡고 웃어 댔다. 리액션이 큰 피에르 상이 내가 웃는 모습을 따라 했는데, 그 모습이 어찌나 우스운지 진땀을 뺄 정도였다. 그런 두 외국인을 이상하게 바라보는 주민들이 한참을 쑥덕인 후에야 진정할 수 있었다.

집에 도착하자마자 우리가 한 일은 '먹기'. 이미 잔뜩 요리를 만들어 놓은 언니들의 부지런함 덕에 우리는 장 봐 온 과자들을 꺼내 볼 틈도 없이 열심히 먹기 시작했다. 닭볶음탕, 떡볶이, 부침개, 그리고 유럽인들을 위한 소시지 요리까지⋯⋯. 처음부터 너무 먹기만 한 탓에 방 안은 온통 쩝쩝대는 소리만 가득할 뿐 누구 하나 대화를 이어가는 사람이 없었다.

사실 학교 밖에서 회식을 몇 번 해 봤지만 그때도 두세 그룹으로 나뉘는 경향이 있긴 했어도 오늘만큼 이렇게 조용한 적은 없었다. 약간은 난감한 상황. 누군가의 '집'에서 파티를 한 건 처음이어서 그랬는지 여유만만인 유러피언들조차 분위기를 타지 못하고 있었다.

그렇게 크지도 않은 방에서 뿔뿔이 흩어져 각자 영어, 중국어, 한국어, 일본어로 열심히 떠들어대던 우리들은 결국 최종 조치로 '음악'을 선택했다. 스피커가 달린 조그마한 누군가의 MP3로

다양한 국적의 사람들이 일본에서 한국 음식을 먹으며 조곤조곤 서로의 얘기를 주고받았던 이날의 파티는 너무나 따뜻했고 또 행복했다. 서로에 대해 조금은 남아 있던 벽의 끄트머리조차 이날을 기준으로 완전히 무너져 내렸다.

도쿄는 꿈맛

음악을 틀면서부터 분위기는 점차 나아지기 시작했다. 역시 '음악'은 국경도, 나이도 초월하는 최고의 장르다.

음악이 나오던 도중 MP3 주인이 수업 시간에 녹음했던 파일이 흘러나오면서 모두가 시선집중. 말을 심하게 더듬거리며 강의를 하는 혼다 선생님의 수업 파일인 것을 안 순간부터 '누가 누가 혼다 선생님을 잘 따라하나' 성대모사 경쟁이 붙기 시작했다. 역시 공통 관심사로 모두의 주의를 이끄는 것이 진리. 취업 준비 때문에 한참 동안 수업에 나오지 않았던 피에르 상이 간만에 실력 발휘를 하는 통에 배가 터져라 웃을 수밖에 없었다.

이제 학기가 끝나고 대학에 진학하는 사람들, 모국으로 돌아가서 다시 제 갈 길을 갈 사람들, 일본에 남아 있을 사람들. 모두들 조금 있으면 언제 다시 볼지 모르지만 다시 만날 날을 기약했다. 이렇게 정든 이들과 헤어질 생각을 하니 많이 슬프고 외로워지기도 한다. 이 유쾌한 사람들을 만났던 1년간을 다시 돌이켜보면 웃음이 나는 신나는 일이 가득했던 나날들이 너무도 행복하게 느껴진다.

두 달도 넘게 학교를 빠진 피에르 상에게 책 한 권 두께만큼의 프린트를 건네던 가토 선생님의 임신 소식으로 축하의 말과 박수를 한 보따리 보낸 후에야 우리의 시끌벅적한 파티는 성공리에 막을 내렸다.

안녕하세요

      일본에 오기 전, 자매학교에서 단기 연수 온 일본 학생들 도우미를 한 적이 있다. 그때 만난 아이들 가운데 사키, 도모코, 유훈과 정말 오랜만에 만나 회포를 풀었다. '회포를 풀었다'고는 해도 일본 사람들은 워낙 술이 약한 데다가 이 아이들은 술을 즐겨 마시는 유형도 아니었다. 게다가 나보다 무려 서너 살이나 어린 아이들이어서 우리나라에서처럼 포장마차에서 소주잔을 기울이며 삼겹살 냄새 풀풀, 마늘 냄새 풀풀 풍기며 진하게 마시지는 못했지만 맛있는 술과 안주를 먹으면서 그간 못 했던 이야기들을 주절주절 떠들었다. 그러는 사이 취기가 슬슬 올라오고 있었다.

도모코가 강력히 추천해서 간 시부야 '록업'은 형무소와 귀신의 집을 짬뽕시켜 놓은 듯한 분위기의 이자카야였다. 실내장식 때문에 짐작은 했지만, 중간에 갑자기 하드코어 록을 크게 틀어 놓고 각종 괴물 복장을 한 아르바이트생들이 껑충껑충 복도를 뛰어다니며 주로 여자들이 모여 있는 테이블에 위협을 가했다. 지금 생각해 보면 웃지 못할 광경이지만 그땐 어느 정도 술기운도 있었고 워낙 분위기가 분위기인지라, 숨이 넘어가라 꽥꽥거리며 소리를 질렀다. 지금도 이해할 수 없지만, 그때까지 먹었던 안주들이 전부 다 거꾸로 솟아 오를 만큼 놀라기도 했다.

그렇게 웃고 울고(?) 떠들고 마시는 사이, 어느덧 예정했던 귀가 시간이 훌쩍 넘어서 부리나케 짐을 싸들고 밖으로 튀어 나왔다. 언제 또 만날지 모르는 우리였기에, 나오자마자 무조건 프리쿠라(스티커 사진 집)를 찾아 뛰었고, 누가 먼저랄 것도 없이 기계에 동전을 마구 우겨 넣은 뒤 미친 척하고 온갖 포즈를 취하며 사진을 찍었다.

그러다 보니, 오 마이 갓. 막차 시간이 거의 임박해 있었다. 요코하마에 사는 유훈은 먼저 자리에서 일어났기 때문에 다행이었지만 나머지 셋은 아슬아슬했다. 난 장담 할 수 없는 상황이었고, 가까운 곳에 사는 사키와 도모코는 비교적 여유 있는 시간이었다. 안 그래도 밖에 자주 나가 본 적이 없어서 전차 시간을 잘 모르던 내게 재앙(?)이 다가온 것이다.

혹시나 내가 당황스러운 표정을 그대로 드러내면 이 아이들이 얼마나 내게 미안해 할지 알고

있었기 때문에 최대한 침착함을 유지하면서 안절부절못하고 있는데, 사키가 내게 구원의 손길을 내밀었다!

"언니, 우리 집에서 자도 돼. 우리 집으로 가자!"

어머! 사키야! 그래도 되겠니! 라고 속에선 환희를 외치고 있었지만, 겉으로는 내색을 안 하며 일단 한 번쯤 사양해 봤다. 선생님들에게 배운 '한 번쯤 사양하기'를 써 먹고 있는 중이었다. 사실 예의상 거절하기도 했지만 은근히 부담이 된 것도 사실이다. 일본인들은 워낙에 '기브 앤 테이크(give and take)' 정신이 투철하기 때문에 이렇게 갑작스럽게, 그것도 부모님과 같이 살고 있

는 사키네 집에 느닷없이 들이닥쳤다간 후에 내가 어떤 보답을 해야 할지 고민이었다. 하지만 정말 말 그대로 '쿨하게' 내 손을 잡고 성큼성큼 앞서가는 사키에게 "고마워!"라고 말하고는 그대로 도모코까지 세트로 사키네 집으로 향했다.

변덕스러운 도쿄 날씨는, 이날도 어김없이 갑작스러운 폭우가 내리고 있었다. 모두들 우산을 준비했지만, 사키네 집 근처 전철역에 도착한 이후 갑자기 쏟아진 폭우 때문에 우산을 든 손이 무색할 정도로 허리부터 발끝까지 푹 젖은 채로 집에 도착했다.

도착해서 사키 부모님의 얼굴을 보고 어떻게 반응을 해야 하는 건가 고민되기 시작했다. 일단 '스미마셍'부터 해야 하는 건가, '오자마시마스'를 먼저 해야 하는 건가? 아니지, '곰방와(今晩は, '안녕하세요' 밤 인사)'를 먼저 해야 하나. 이런저런 생각이 꼬리를 물고 이어지는데, 어느새 사키가 현관문을 활짝 열고 "다다이마(ただいま, 다녀왔습니다)!" 외치고 있었다. 그리고 등장하신 사키의 부모님, '고……곰방와? 하……하지메마시테?' 사이에서 갈등하는 내게 사키 부모님께서 던지신 인사말은 놀랍게도 "안녕하세요"였다. "아, 안녕하세요!" 전혀 불편한 기색이라고는 찾아볼 수 없는 환한 얼굴로 인사를 건네 주신 분들에게 모국어로 인사를 하면서 그전까지 마음속에 남모르게 가지고 있던 '부담'이라는 돌덩이를 조심스럽게 내려놓았다.

영화나 드라마에서나 보던 일본 가정집에 발을 들인 나는, 신세계에 첫 발을 디딘 사람처럼 휘둥그런 눈으로 구경하기에 바빴다. 홀딱 젖은 우리들을 안쓰러운 눈으로 바라보던 사키 어머니께서는 나를 직접 샤워실까지 데려가셔서 샤워기 쓰는 방법과 온갖 세면도구들을 일일이 짚어서 설명해 주셨다. 따뜻한 물에 샤워를 하고 나보다 한참 작은 어머님의 트레이닝복 바지를 고무줄이 끊어져라 우겨 입고는 사키에게 네일아트도 받고, 도모코와 한 침대에서 구르며 깔깔대는 동안 어느새 여고생으로 돌아간 듯한 기분이었다. 믿지 못할 정도로 편안한 상태에서 마치 10년은 알고 지낸 친구 집에 온 듯한 착각에 '행복하다'는 생각까지 들었다.

아침 일찍 먼저 일어난 도모코의 부스럭대는 소리에 잠이 깨서 느릿느릿 무거운 몸을 이끌고 거실로 나간 내 눈에 띈 가지런한 오니기리들. 어머님께서 아침에 일찍 일하러 나가시면서 손수 오니기리를 만들어서 우리들 방에 넣어 주고 가신

거였다. 와, 엄마가 만든 주먹밥이네. 세수고 뭐고 눈곱 낀 얼굴로 그대로 손을 뻗어 덥석 집어든 오니기리를 허겁지겁 먹어치웠다. 선홍빛으로 곱게 구워진 연어 살이 하얀 밥 속에 폭 파묻혀 있는, 그 어떤 한 상차림보다도 정성이 가득 들어간 따뜻한 주먹밥이었다.

얼굴을 못 뵙고 그냥 돌아가야 하는 것이 아쉬워서 노트 한 귀퉁이를 찢어 너무 감사했다고 메모를 남기는 동안, 그동안 편견과 선입견에 꽉 막혀 살던 나의 한심스러움을 뼈저리게 후회했다. '정'으로 소통하면 나이도 국경도 허물 수 있다고 말로만 떠들어 대던 부끄러운 과거의 모습들이 파노라마처럼 스쳐 지나갔다.

사람과 사람이 만나 따뜻함을 느끼는데는
그저 작은 표현 하나면 된다는 걸 새삼스레 깨달았다.
그 나라 말을 몰라도 된다.
"안녕하세요." 진심이 담긴 인사, 그것 하나면 된다.

이거다, 엄마의 맛. 따끈한 우롱차 한 잔과 속이 꽉 차 있던 오니기리. 잊지 못할 거에요.

쉼표를 꺼내다

차가운 밤공기에 훅 입김을 불어 내고 무릎을 당겨 앉았다. 겨울에는 베란다에 쪼그려 앉아 청승 떨기도 참 만만치 않다. 털신을 신기는 했지만 발끝으로 한기가 몰려온다. 더 차갑게 얼어 버리기 전에 빨리 생각을 정리하고 방 안으로 들어가야겠다는 생각을 했다.
이제 내가 일본에 머물 수 있는 비자의 기한도 얼마 남지 않았다. 결정을 해야 할 시기가 온 것이다. 일본에 오기 전 가졌던 전문학교에 대한 환상은 이미 깨진 지 오래였고, 들어간다 한들 내가 얻을 만한 것도 그다지 없을 것처럼 보였다.

도쿄는 꿈맛

그냥 이대로 한국으로 돌아가 다시 안정적으로 시작하느냐. 아니면 또 정처 없이 다른 곳에서 자아 찾기 모험을 계속할 것이냐. 이 두 가지 물음이 날 에워쌌다. 다시 한 번 뜨거운 입김이 밤공기를 가로질렀다.

돌아가자, 일단은.
두 팔 벌려 따뜻하게 날 안아 줄 가족들이 있는 곳으로.
나와 함께 울고 웃고 고민해 줄 친구들이 있는 곳으로.
언제나 그랬듯, 나중 일은 그때 가서 생각하자는 단순함이 앞서 버렸다.
"으, 추워."
따뜻한 이불에 둥글둥글 몸을 말아 넣고 차가워진 손발이 제 온도를 찾아가는 동안, 내 입가엔 슬며시 미소가 번졌다.

종강파티

    1년간의 어학연수 생활을 마감하는 날이 왔다. 소규모 학교답게 학생들이 각자 집에서 손수 마련해 온 음식들을 모아모아 작은 종강파티가 열렸다. 한 반에 10~15명에 불과한 인원이 두 반씩 섞여 강의실마다 모여 앉았다. 다른 반 사람들과는, 마지막 날 처음으로 통성명을 하는 아이러니한 첫인사를 나눴다. 마지막이라는 것이 의심스러울 정도로 사람들 모두가 파티를 즐겼다. 한국인 학생들은 계란말이나 김치전, 김밥 같은 것을 싸 와서 외국인들에게 하나씩 먹여 보는 재미를 만끽했다. 양껏 먹고, 양껏 수다 떨고, 양껏 사진을 찍었다. 먼저 학교를 떠나간 사람들이 너무나 그리웠다.

학교는 냉정하게도 종강 파티 날 기말고사 시험 성적표와 채점된 시험지를 나눠 줬다. 좌절할 새도 없이 성적표 뒷면을 이면지 삼아 사람들의 연락처를 받아 적었다. 혹시나 연하장이라도 보낼 때에 대비해 집 주소도 적어 달라고 하자, 집으로 직접 편지를 부치는 것은 너무 옛날 방식 아니냐며 코 상이 신소리를 했다. 참 마지막까지 냉정함을 잃지 않는 그의 개성 만점인 태도가 존경스러울 따름이다.

    누군가가 가져온 샴페인 한 병이 그대로 테이블 위에 남아 있는 것을 발견했다. 무슨 바람이 들었는지 모르겠지만 아침 11시부터 옆에 있던 사쿠마 선생님에게 샴페인을 권했다. 한 잔, 두 잔…… 주거니 받거니 샴페인 한 병을 금세 다 비워 버린 나와 사쿠마 선생님은 빠르게 올라오는 취기에 해롱해롱 정신을 놓고 말았다.

향수병이 오고 나서부터 출석부에 빗금만 늘려 가던 나. 걱정되는 마음에 출석률이 위험하다며 매일같이 음성 메모를 남겨 두던 사쿠마 선생님. 나중에는 그 음성 메모조차 듣지도 않고 바로 삭제했었다. 앙숙 아닌 앙숙으로 근 반년을 지내 온 사쿠마 선생님과 나는 비로소 종강 날, 서로의 손을 맞잡고 화해했다.

"선생님, 너무 많이 결석해서…… 죄송해요."

"힘들었죠, 안나 상. 한국에 돌아가서는 씩씩하게 잘 지내야 돼요. 처음의 안나 상처럼…… 웃음 잃지 말아요."
코끝이 시큰, 했다.
샴페인 기운에 발개진 얼굴로 그렇게 우린 마지막 인사를 나눴다.

D-10

　　　12월의 도쿄는, 아직 파릇파릇한 나무도 많다. 찬바람이 불긴 하지만 낮엔 햇살이 너무 따뜻하다. 입김도 아직은 하얗게 얼어붙지 않는다. 해가 져야만 이제 좀 '춥다'고 할 만한 기온으로 떨어진다.
12월 25일만 지나면, 난 이제 아르바이트에서 해방이다. 12월 26일부터 1월 2일까지 도쿄를 즐기다 1월 3일엔 비행기에 있을 것이다. 한 달이다. 한 달만 힘내자. 공항에서, 엄마의 따뜻하다 못해 뜨거운 두 손을 꼭 잡고, 아버지의 푸근한 두 팔에 안겨서, 언니와 가나와 민석이와 팔짱을 끼고 어깨동무를 하고 룰루랄라 집으로 돌아갈 그날이 날 기다리고 있다.
아, 생각만 해도 너무 따뜻해서 미칠 것 같다.

도쿄 타워

한국으로 돌아갈 날을 며칠 남겨 두고 마지막으로 도쿄 타워에 가 봤다. 지난 지 얼마 안 된 크리스마스를 기념하는 화려한 일루미네이션 사이에서도 결코 기죽지 않고 우뚝 서 있는 도쿄 타워는, 눈부셨다. 익숙한 곳이든 낯선 곳이든 길을 헤매는 길치답게 역시나 도쿄 타워를 찾아 헤매며 이 길인가, 저 길인가 반복해서 같은 자리를 맴도는 사이 어느새 도쿄 타워가 나타났다. 그 웅장한 모습을 발견하고는 와 하는 탄성 소리와 함께 멍하니 그 자리에 가만히 멈춰 서 버렸다. 갑자기 눈물이 왈칵 쏟아질 것만 같았다.

1년간 겪었던 일본에서의 내 모든 희로애락의 감정이 한순간에 빛의 속도로 뇌리를 스쳐갔다. 남산 타워도 한 번 가 본 적이 없는데, 이 먼 땅 일본에서 도쿄 타워를 보고 이렇게 감동을 받을 줄은 꿈에도 몰랐다. 도쿄 타워에 가 본 적이 있다던 코 상에게 어떠냐고 소감을 물었더니, "별 거 아니다"라며 순전히 애들이 좋아할 만한 것밖에 없으니 가도 그만 안 가도 그만이라고 답하던 게 떠올랐다. 코 상, 보기보다 굉장한 냉혈한인가 보다.

한국에 가기 전 마지막 여행지로 도쿄 타워를 선택한 건 정말 잘한 일 같다.

1년간의 마냥 행복하지만은 않았던,
간혹 군데군데 시커멓게 타 들어간 나의 우울한
흔적들을 마지막으로 도쿄 타워의 예쁜 주황빛으로
채워 넣을 수 있어서 고마웠다.
도쿄 타워에게.

도쿄는 꿈맛

잘 있어요, 오카상

오카상과의 마지막 시간을 보냈다. 데니즈에서의 마지막 식사. 고라쿠엔 역에서의 마지막 인사. 오카상과 마지막으로 했던 대화를 그대로 옮겨 보면 다음과 같다.

오카상: げんきでね。 건강히 지내.
나: お母さんも、おげんきで。 오카상도 건강히 지내요.
오카상: うん。きをつけてよ。また日本にきてね。 응, 조심히 가~. 또 일본에 와.
나: うん！きっとまたくるから。ほんとうに、お世話になりました。
예! 꼭 또 올 거예요. 정말 신세 많이 졌습니다.
오카상: うん。連絡してね。電話ができなかったら、手紙で。
응. 연락해~. 전화가 안 되면 편지로라도.
나: はい！じゃ、またね。おやすみ！네! 그럼, 또 봐요. 안녕히!
오카상: おやすみ。 안녕.

1년 동안 참 많은 일이 있었네요, 오카상.
미운 정이란 게 참 무서운 것 같아요.
"안나가 시집간다는 연락이 올 때까지 내가 살아 있으면 참 좋겠구나"
하시던 오카상의 말. 눈물이 나오려고 하는 걸
멋쩍은 웃음으로 덮었어요.
꼭 다시 만나요, 할머니. 편지 할게요.

도쿄는 꿈맛

짭짤 도쿄

고마워, 모두

내가 25일에 가게를 그만두는 것을 알고 있었는지 정이 들었던 손님 아저씨들이 23일에 엄청 성대하게 나의 송별회를 해 주었다. 각자 조금씩 성의의 표시로 '현금'까지 마련해서 전달해 주는 바람에 세뱃돈을 받는 묘한 기분으로 봉투를 받아들었다. 이것이 다가 아니다. 아저씨들은 직접 고른 다이어리를 곱게 포장해서 주신 데다가 자이언츠 이승엽 선수의 응원가 가사의 '이승엽'이라는 부분을 '안나'로 바꿔서 한국에 가서도 열심히 살라는 의미로 힘차게 불러 주셨다. 정말 너무 고마웠다.

난 사실 이 아저씨들이 도쿄돔에서 야구 경기가 있을 때마다 거의 항상 가게에 단체로 찾아와서 귀찮게 하니까 속으로 욕도 많이 했었다. 야구에 관심도 없는 나를 위해서 일부러 표까지 마련해서 데려갈 때는 내가 왜 아저씨들이랑 이렇게 어울려서 흥미도 없는 야구까지 보러 따라가야 하나 하는 생각도 간혹 했었다. 굉장히 미안한 마음이 들었다. 그래서 내가 할 줄 아는 것이라고는 그림 그리는 것밖에 없는지라, 모두에게 미안함과 감사함의 표시로 그만두기 하루 전에 밤을 새서 그림을 그렸다.

목숨만큼 끔찍하게 생각하는 그들의 '로망' 요미우리자이언츠의 심벌을 중심으로 주변에는 가게에 거의 매일 오다시피 하던 사람들을 그렸다. 물론 나와 우리 주희, 주연 자매와 오카상도 빼놓지 않고 제일 크게 그렸다. 한 명 한 명의 캐릭터를 그릴 때마다 약 1년간 이 사람들과 함께해 왔던 날들이 영화필름처럼 머릿속을 스쳐 지나갔다.

모두가 23일을 마지막으로 내년 신년회를 기약하고 더 이상 우리 가게에는 오지 않았기 때문에 아직 저 그림을 보지 못했다. 하지만 내년 1월 12일 내가 서울에 가고 없을 때, 오카상이 그 그림을 꼭 모두에게 보여 주기로 약속을 했다. 그림을 보고 환하게 웃음짓는 오카상의 얼굴을 보고 나니, 밀려오는 뿌듯함을 이루 말할 수 없었다.

お母さんを含めて皆さんに1年間本当にお世話になりました！
오카상을 비롯해서 모든 분들께 1년간 정말 신세 많이 졌습니다!

日本っていう国で，色んな優しい日本人の方々に出会ったのは 私にとって一生忘れられない幸運だと思います。
일본이라는 나라에서, 여러 상냥한 일본 분들과 만난 것은 저에게 평생 잊을 수 없는 행운이라고 생각합니다.

本当に本当に心の底から嬉しいです。 정말로 정말로 행복합니다.

皆さん，ありがとうございました！ またいつか会いましょうね。
여러분, 감사했습니다! 언젠가 기회가 되면 꼭 다시 만나요.

도쿄는 꿈맛

시작을 돌아보다

　　윤정 언니와의 삿포로 여행은 물거품으로 돌아갔다. 아버지가 위독하시다는 연락을 받고 윤정 언니는 일정보다 빨리 한국으로 돌아가야 했다. 귀국하기 전 삿포로에서 일본의 겨울을 마음껏 만끽하고자 했던 우리의 계획은 이루어질 수 없었다. 혼자라도 다녀올까 생각했지만, 뼈가 시리도록 추운 삿포로에서 혼자 떨고 있을 생각을 하니 쓸쓸해서 견딜 수가 없었다.

일본인들에게 물어 보니, 삿포로는 사실 겨울보다 여름이 더 볼 만하다며 괜히 혼자 가서 얼어 죽지 말라고 극구 날 말렸다. '눈밭'의 상징인 삿포로가 겨울보다 여름이 더 예쁘다는 것이 의외이기도 했다. 일부러 서점에서 사온 삿포로 여행 책자를 하릴없이 들여다보며 1년간의 날 회상했다.

나름대로 충실히 해 온 일본어 독학 덕분에 일본에 온 첫날부터 현지인과의 일상적인 대화는 별 탈 없이 순조로웠다. 가장 비슷할 것 같았던 일본인들에게서 가장 다른 점들을 발견했고, 가장 다를 것 같았던 부분에서는 의외로 비슷한 점들을 발견했다. 그렇게 설렘은 익숙함으로 바뀌어 갔고, 일상은 지루함으로 탈바꿈했다.

학교-집-아르바이트의 연속인 쳇바퀴 같은 일상에서 벗어나고자 틈나는 대로 집 밖으로 나섰다. 하지만 그다지 나돌아다니는 것을 좋아하지 않는 성격에, 쇼핑 또한 진저리나게 싫어한다. 커피 맛을 몰라서 카페도 잘 안 간다. 하지만 공원, 그리고 바다. 이 둘이 내게 신선한 공기를 제공해 주었다. 답답하고 숨이 막힐 때마다 나무의 냄새를 맡고, 바다의 짠 내음을 들이켰다.

조용한 일본 영화를 동경하던 내게 '일본'이라는 곳의 이미지는 잔잔하고, 소담스러운 따뜻한 공간이었다. 하지만 그건, 말 그대로 '영화'의 풍경에 불과했다. 현실에 맞닥뜨린 도쿄의 풍경은 빠르게 질서정연하게 돌아가는 여느 도시의 모습과 다를 바 없었다. 그래서 더 서울이 그리웠는지도 모르겠다. 닮은 곳에서 닮은 것을 바라보며 나의 제자리를 갈망했는지도 모르겠다.

싫증을 잘 내는 성격 탓에 1년이라는 시간이 지나치게 길게 느껴졌는지도 모른다. 하지만 이것만은 분명하다.

서울에 돌아가면
또 다시, 도쿄와 닮은 그 공간에서
닮은 것들을 바라보며
난 여기를 그리워할 것이다.

도쿄는 꿈맛

귀국

자고 있는 미경이에게 인사를 했다.
"나 먼저 가 있을게. 서울에서 보자."
비비적 비비적 눈을 비비며 잠에서 덜 깬 미경이.
"응, 잘 가."
슬럼프를 이기지 못하고 반년 만에 한국으로 돌아간 수민 언니. 싹싹하고 씩씩하게, 그리고 알차게 일본 생활을 마무리하고 돌아간 수경이. 아버지가 위독하다는 소식을 듣고 급하게 돌아간 윤정 언니. 앞으로 3개월간 더 일본에 있을 다이어트쟁이 미경이. 내가 떠난 1인실에 두 번째로 자리를 채운 경상도 소녀 찬영이.
이 좁은 집에서 5명이 토닥토닥, 잘 살았다. 가족도, 친구도 아닌 '하우스메이트'로 이 많은 인원이 모여 사는 것은 참 힘든 일이었다. 하지만 즐거웠다. 그리고 고마웠다. 한국으로 돌아가면 한 자리에 모이기는 힘들겠지만, 그래도 마음만은 그리워할 거다. 보고 싶을 거야.
2시간 반 후면 인천공항에 도착할 비행기에 앉아, 언제 또 올지 모를 나리타의 하늘을 물끄러미 바라봤다. 그렇게 시도 때도 없이 비를 뿌리던 잿빛 구름들이 오늘만큼은 바짝 마른 뽀송함으로 파란 하늘을 군데군데 채워 넣고 있었다.

고맙다, 도쿄야.
너도, 많이 보고 싶을 거야.

2시간 반 후면 인천공항에 도착할 비행기에 앉아,
언제 또 올지 모를 나리타의 하늘을 물끄러미 바라봤다.
그렇게 시도 때도 없이 비를 뿌리던 잿빛 구름들이
오늘만큼은 바짝 마른 뽀송함으로
파란 하늘을 군데군데 채워 넣고 있었다.

도쿄는 꿈맛

짭짤도쿄

셔틀버스 안녕.
난 걸어서 간다.

지브리 미술관

미야자키 하야오의 애니메이션을 본 사람이든 아니든 간에 모두가 사랑하는 지브리 애니메이션의 A부터 Z까지 총집합해 있는 박물관이다. 사실 생각보다 규모도 작고, 어린이들이 주된 고객인 탓에 어른이 즐길 만한 거리가 부족해서 조금은 실망스럽기도 하다. 그렇지만 예쁘고 아기자기한 동화 같은 환경에 점점 빠져들다 보면 현실로 돌아가기가 좀 두려워지기도 한다. 미야자키가 직접 그린 스케치들, 콘티들을 보면서 왠지 모를 전율을 느끼고 돌아왔다.

로손의 티켓 예매 기계를 이용해 날짜와 시간을 정해 예매할 수 있다. 가격은 1000엔. 일본어를 알아도 헤맬 수 있으니 편의점 종업원에게 처음부터 물어보는 것이 제일 안전한 방법.

미타카 역에서 걸어가는 방법과 셔틀버스를 타고 가는 방법 두 가지가 있는데, 강줄기를 따라 산책하듯이 걷는 것도 좋긴 하지만 15분 정도만 나무 그늘 아래서 걸어갈 수 있고 나머지 15분은 땡볕 아래 걸어야 한다. 계절이 여름이라면 그냥 셔틀버스를 타는 것을 권한다. 한 가지 더 덧붙이자면 강줄기를 따라 걷는다고 해도 우거진 나무와 풀들에 뒤덮여 강물은 잘 보이지도 않으니 참고하시길.

동화 같은 풍경의 미술관 외부.

- http://www.ghibli-museum.jp/
- 0570-055777
- 로손 티켓 0570-084-003(자동응답대응)
- JR미타카 역 남쪽 출구에서 주오도리를 따라 15분 정도 걷거나, 남쪽 출구 앞에서 미술관행 커뮤니티 버스(편도 200엔, 왕복 300엔)로 5분 정도 가면 도착한다.

수도꼭지도 고양이 모양이다. 아우, 귀여워라.

이제 이곳의 명물인 라퓨타의 로봇을 만나러 가 볼까?

나무가 우거진 미술관 가는 길.

토토로가 얼마나 남았는지 100미터마다 알려 준다.

동네가 너무 예뻐!

티켓을 바꾸면~

드디어 도착했다, 지브리 미술관!

필름 같은 입장권을 돌려준다.
이건 나중에 지브리 단편 영화를
볼 수 있는 입장권이기도 하다.

짜잔! 거대한 로봇 등장!
뒷모습은 왠지 쓸쓸하구나.

이제 안녕. 난 집에 갈게.

하늘이 맑아서 더 예쁜 관람차

좋구나, 바다.

왔구나! 미나토미라이!

뻥 뚫린 광장이 왠지 썰렁하다.

요코하마

뻥 뚫린 바다와 공원과 먹을 게 넘쳐나는 중화 거리, 그리고 야경! 더 이상 무슨 말이 필요하랴. 요코하마는 발리보다도, 푸껫보다도 마음이 편안해지는 내 인생 최고의 휴양지다.
'미나토미라이 티켓'을 이용하면 시부야 역(혹은 우에노 역, 시나가와 역)에서의 왕복과 동시에 요코하마 전역을 돌 수 있는 미나토미라이센을 하루 동안 맘껏 탈 수 있다.

해가 지는 것 같오. 관람차를 타러 가야겠어!

다시 넘어왔다. 반짝반짝 야경 작렬!

한참을 졸고 도착한 기타가마쿠라 역.
정말 아담하다.

마침 방과 시간인지 학생들이 많다.

엇. 갑자기 등장한 엔가쿠지.
절에 한 번 들어가 볼까.
비가 오는 탓에 사람이 별로 없다.

수국이 너무 예쁜 내부

자연인으로 돌아간 느낌.
안녕, 고양아.

비가 그쳤다.
이제 메이게쓰인으로 출발.
기찻길이 바로 앞에 펼쳐진 집에
사는 건 어떤 기분일까?

드디어 도착한 메이게쓰인!
안녕하세요, 스님.
정갈한 모습의 내부.
귀여운 토끼도 있고. 그 유명하다는
둥근 창을 보러 간다.
와, 정말 딴 세상을 바라보는 느낌.
오길 잘했다.

대나무 숲에도 가 볼까.
캬, 방금까지 땀범벅이 되어
짜증 났던 불쾌한 기분이 싹 씻겨 나가는 기분!
이제 난 부처님 만나러 간다.

가마쿠라 & 에노시마

도쿄 외곽 여행의 종착지라고 할 수 있다. 도쿄에서 얼마 떨어져 있지 않은데도 거의 완전히 시골에 가까운 풍경을 만날 수 있다. 기찻길과 동행하는 산책길은 걷는 것만으로도 입에 미소가 걸리기 마련. 만화 《슬램덩크》의 오프닝 배경이 됐다는 가마쿠라고교 역과 집채만 한 대형 불상이 자리하고 있는 하세역도 큰 볼거리 중 하나다.

시나가와 역에서 끊은 '가마쿠라 & 에노시마 프리깃푸'. 갈아타는 거라고 해서 역 안에서 '미도리노 마도구치(녹색 창구)'를 찾으면 안 된다. 일단 개찰구를 통과해서 나간 다음 앞에 보이는 큰 '녹색 창구'에 들어가면 프리깃푸를 살 수 있다. 가격은 1970엔. 머리 위에 레일이 달려 있다는 '쇼난 모노레일'도 탈 수 있다.

가마쿠라 역까지 걸어가야 한다!
너무 멀어. 언제까지 걸어야 하지?

기찻길따라 정처 없이.

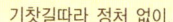

겐조지를 포기하고 지름길 선택.

다시 에노덴을 타고 내가 세상에서 제일 좋아하는 바다로!
가마쿠라고교 역에 도착했다. 내리자마자 짠 내음이 확 밀려든다.
역 앞에서 바로 보이는 바다! 유토피아!

기찻길과 도로와 바다가 한눈에 보인다.

겨우겨우 도착한 가마쿠라 역! 　　　인력거도 있네. 드디어 에노덴을 타다.
나무 바닥에 작고 아담한 전차.
사람들을 따라 계속 걷는다. 드디어 도착.
오오 멀리서도 대불상의 위엄이……. 　　안녕하세요, 부처님.

하세 역 도착!

저 멀리 보이는
에노시마로 가 볼까.

어, 가마쿠라 고등학교 학생들? 　　　내가 여태까지 봐온 기차역 중에서 가장 작은 역일 듯.

날씨가 점점 나빠져서 그런지 길에 인적이 드물다.
　　　반가웠어, 바다야. 역시 넌 내 우울증의 가장 효과적인 치유제야.

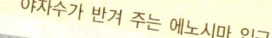
야자수가 반겨 주는 에노시마 입구

날씨가 점점 나빠져서 그런지
길에 인적이 드물다.

여유로운 어촌 느낌.
한층 가까워진 에노시마,
반가워.

언덕을 올라가 볼까.
우체국도 보이고……

해가 지는구나.
　　멋진 풍경을 선사해 줘서 고마워,
에노시마.

에필로그

무작정 밟은 일본 땅에서의 1년간은
마냥 행복하지도 슬프지도 않은 평범한 생활의 연속이었다.
하지만 그곳에서의 조용한 '일탈'은
나를 웃게 하고 울게 한 특별한 열쇠였다.
그 열쇠는 평생 내 가슴속에서
특유의 조용함으로 날 이끌 것이다.

집 구하기

숙소 선택 일본의 여름은 에어컨 없이는 잠을 이루기 힘들 정도로 고온다습하고 겨울은 '집이 추워 밖으로 나간다'라는 말이 있듯 매우 추운 편이다. 한국인에게 습도가 높은 탓에 일본의 여름은 매우 덥고, 온돌문화가 아닌 탓에 겨울은 매우 춥게 느껴질 것이다. 이를 보완하기 위해 여름에는 습기를 흡수하고 겨울에는 건조한 실내에 습도를 제공하는 다다미를 바닥에 깐 방이 많다.

새로 깐 다다미방은 쾌적하지만, 가격이 저렴한 집의 다다미방은 입주할 때 다다미를 새로 깔아주지 않아서 걸으면 양말에 누런 풀이 달라붙기도 한다. 진드기가 있어 곤혹스러울 수도 있다. 차라리 마루나 콘크리트로 된 방을 얻는 것이 쾌적한 생활을 하기 쉬울 것이다. 또한 건물이 목조인지 콘크리트인지도 사전에 확인할 필요가 있다. 목조 건물의 경우, 여름엔 덥고 겨울엔 추워서 냉난방비가 많이 나올 수 있다.

숙소 유형으로는 민박부터 원룸형, 맨션형, 기숙사형 등이 있다. 보통 본인이 직접 부동산에 발품을 팔아 집을 구하는 것이 일반적인데, 계약을 할 때는 부동산 중개업자에게 의뢰해서 원하는 집을 빌리도록 되어 있다. 요금은 원룸형, 맨션형, 기숙사형 순으로 저렴하며 수도 및 광열비는 별도다.

원룸형
일반 원룸 안에 풀 옵션으로 가전제품 및 침대, 책상, 걸상 등이 비치되어 있고 취사가 가능하며 욕실이 함께 있다. 보통 2인실로 운영한다.

맨션형
일반 아파트 타입의 방이다. 예를 들어 6조 크기 방이 2개, 4.5조 크기 방이 1개라면 6조에 2명씩 살고, 4.5조에 1명이 살게 되어 있어 모두 5명이 한 집에서 살아가는 형식이다. 물론 집안의 화장실 및 욕실, 거실, 주방 등은 공동 구역으로 함께 사용한다. 수도·광열비는 N분의 1로 납부한다.

기숙사형
5층 건물이라면 1~2층은 남자 기숙사, 3~5층은 여자 기숙사로 나뉘는 형식 등으로 되어 있으며 1인실, 2인실 등이 있다. 취사 공간, 화장실, 샤워실, 거실 등은 공동구역이다. 각 방에 계량기가 달려 있어 수도 및 광열비는 별도로 납부한다.

계약  계약 기간은 통상 2년이며, 계약을 갱신할 때 임차인은 1개월분 임차료를 갱신료로 임대인에게 선불해야 한다. 일본에는 전세제도에 의한 임대는 없다. 계약을 해약할 때 임차인은 해약 예정일로부터 통상 1~2개월 전에 서면으로 해약 의사를 통보해야 한다.

보통 임대차계약에는 연대보증인이 필요하다. 이 때의 보증인은 독립된 생계를 꾸려 가고 있는 사람이어야 하고, 만약 어떠한 이유로 월세 등을 본인이 지불하지 못할 경우 대신 내게 된다. 계약서는 대부분 일본어로 씌어 있기 때문에 계약할 때는 일본인을 보증인 혹인 대리인으로 삼아 동행하는 것이 안전하다.

입주할 때는 보증금과 사례금 등 각종 비용이 추가로 발생하며, 기본적으로 첫 달에는 통상적으로 월세의 약 6개월분의 금액이 필요하다. 계약이 성립되면 부동산 중개업자에게 중개 수수료

(월세의 1개월분)를 지불해야 한다.

초기 비용
부동산 계약 시 필요한 비용을 초기 비용이라고 한다. 일반적으로 「첫 달 집세+보증금+사례금+중개 수수료+화재보험+(보증인 회사+열쇠 교환 비용)」이 초기 비용이다.

예) 보증금1 / 사례금1 의 경우 (단위/엔)

집세	6만
보증금1	6만
사례금1	6만
화재보험	2만
중개 수수료	6만 + 5%
합계	26만 3,000

월세
월세는 대도시인지 지방 도시인지 따라 금액에서 큰 차이가 나고, 시내 중심지까지의 거리나 전철 등 교통수단으로의 접근성, 방의 크기, 건축 연도 등에 따라서도 차이가 크다. 싱크대와 샤워 시설이 있는 아파트(약 10㎡)를 기준으로, 시내 중심지까지 전철로 약 30분 거리라면 대도시에서는 5~6만 엔 정도. 지방 도시에서는 4만 엔 전후다. 부엌, 욕실이 딸려있는 타입의 경우(약 20㎡)는 그 2배 정도의 가격을 예상하면 된다.

일본 생활 상담

자치단체의 각 구청 상담창구는 학생들만을 대상으로 하지 않으므로, 학생의 진학 상담은 민간 유학생 상담기관을 이용하는 편이 적절한 조언을 받을 수 있다. 행정·생활 면에서 궁금한 점은 시·구청 등에 문의해보자. 요일과 시간을 정해 놓고 주민을 상대로 무료상담을 실시하는 곳도 있다.

도쿄도 외국인 상담실
주소 東京都新宿区西新宿2-8-1
위치 도쿄도청 제1본부 3층
문의 영어 03-520-7744(월~금요일)
　　　한국어 03-5320-7700(수요일)
　　　중국어 03-5320-7766(화·금요일)
시간 09:30~17:00
요금 무료

도쿄도 보험의료정보센터 히마와리(ひまわり)
주소 東京都新宿区歌舞伎町2-44-1
위치 도쿄도 건강프라자하이지아
문의 03-5272-0303(24시간)
　　　03-5285-8181(외국어 09:00~20:00)

AMDA 국제의료정보센터
문의 센터 도쿄(상담) 03-5285-8088
시간 영어·태국어·중국어·한국어
　　　09:00~17:00(월~금요일)

도쿄 YMCA 유학생 상담실
주소 東京都千代田区神田駿河台1-8-11
　　　東京YMCA会館内
문의 03-3293-1233
시간 일본어 13:30~17:30
　　　(월·화·목·금요일, 접수는 17:00까지)

외국인재류종합 인포메이션 센터
외국인의 입국, 재류 등에 대한 전화나 방문 상담, 일본어뿐만이 아니라 한국어를 비롯해 각국의 언어로 상담이 가능하다.
+ 도쿄 03-5796-7112

+ 요코하마 045-651-2851~2
+ 오사카 06-6941-3701~2

도쿄 외국인 고용서비스센터
문의 3588-8639
홈페이지 www.tfemploy.go.jp

현지 긴급 연락처

사고신고 100
사건사고 상담 03-501-0110(일본어·영어)
　　　　　　　03-3503-8484(영어 등)
행방불명 03-3592-2440
화재신고, 구급차 요청 119
분실물 신고센터 03-3814-4151
외국인 상담안내(한국어 상담) 03-5320-7730
전화번호 문의 104
의료기관 안내
  + 병원 안내 03-5285-8181
  + 야간 휴일 진료기관 안내 03-5272-0303
  + 휴일 등 진료기관 안내 03-5272-0505
  + 외국인의 의료상담(한국어 상담)
    03-5285-8185
주일본 한국대사관 03-3452-7611~9
주일본 한국대사관 영사관 03-3455-260
전국 도로교통 종합안내 0570-011-011
일상생활 정보 안내 045-671-7209
(일본어·영어)
여행자 정보 센터(도쿄) 03-3201-3331

도쿄의 가볼 만한 곳

오다이바
후지TV 본사, 팔레트타운, 빅사이트 등 쇼핑과 볼거리, 먹을거리가 풍부하다. 다양한 놀이시설과 테마파크, 온천은 물론 최신 유행 상점들과 레스토랑까지 갖추고 있어 도쿄 최고의 데이트 명소로 손꼽힌다.

신주쿠
수많은 쇼핑센터와 맛집이 몰려 있는 도쿄 최고의 번화가. 도청사 전망대에 올라가 시내 전경을 즐길 수도 있고, 가부키초의 다양한 볼거리를 만끽할 수도 있다.

시부야
최첨단 유행을 달리는 상점과 거대한 패션 상가, 맛집이 어우러져 있는 도쿄의 쇼핑 메카. 고엔도리와 이노카시라도리, 분카무라도리를 중심으로 다양한 상점이 늘어서있어 쇼핑 중심의 여행을 즐길 수 있다.

긴자
고급 브랜드의 메카. 세련된 여성들이 많은 곳으로 유명한 거리다. 메인 스트리트인 주오도리를 중심으로 다양한 브랜드 숍이 몰려 있다. 고급 명품에서 전통 상점까지 신세대와 구세대를 아우르는 명실상부한 쇼핑의 거리.

아사쿠사
센소지와 나카미세도리를 중심으로 다양한 전통 상점들이 들어서 있다. 서민들의 향취가 물씬 풍기는 시타마치의 정경을 즐길 수 있는 도심 속 역사 공간.

하라주쿠
일본의 신세대들이 즐겨 찾는 쇼핑 명소 및 메이지신궁이 있는 곳. 신세대와 구세대의 명소가 어우러진 하라주쿠는 다양한 브랜드 숍이 들어서면서 고품격 쇼핑의 거리로 다시 태어났다.

다이칸야마
도쿄의 새로운 쇼핑 일번지. 특히 유럽식 라이프스타일을 추구하는 여성들이 좋아할 만한 상점이 많다.

롯폰기
세계 각국의 대사관이 모여 있는 도쿄의 가장 국제적인 거리. 국립신미술관과 함께 도쿄에서 가장 높은 초고층 복합 상업 빌딩인 도쿄 미드타운이 있어 쇼핑과 문화, 예술이 조화를 이룬 도쿄 최고의 인기 명소다.

마루노우치
쾌적하게 쇼핑할 수 있는 신마루비루와 산책을 즐기기에 좋은 고쿄, 맛집 기행을 즐길 수 있는 니혼바시가 있어 한꺼번에 다채로운 즐거움을 누릴 수 있다.

아키하바라
이제는 세계적으로 유명한 '전기·전자'거리라는 명성보다는 오타쿠들의 성지라는 말이 더 어울린다. 드라마〈전차남〉을 통해 더욱 유명해진 이곳에는 애니메이션, 만화, 게임 등 취미와 관련된 마니아 상품 상점들이 가득하다.

이케부쿠로
이케부쿠로의 오토메로드는 여자 오타쿠들의 성지.

우에노
도쿄 시민들의 일상을 엿보기에 좋다. 우에노코엔과 아메요코 시장, 야나카긴자가 명소.

쓰키지
싱싱한 생선만 취급하는 세계 최고의 수산 시장으로 유명하다.

시모기타자와
도쿄 도심의 번화가와는 전혀 다른 분위기를 내는 개성 만점의 쇼핑 타운. 보세 옷가게와 독특한 잡화점이 많다.

쓰키시마
도쿄의 옛 모습을 고스란히 간직하고 있는 도심 속 섬마을. 서민들이 즐겨 먹는 간식 몬자야키의 본고장이다.

지유가오카
도쿄 사람들이 살고 싶어 하는 동네 순위에서 늘 1위를 차지하는 고급 주택가. 트렌디한 상점이 많아 여성들이 특히 선호한다.

도쿄 축제 Best 9

간지쓰 元日 1월 1일
새해의 시작을 알리는 설날. 도쿄 시내의 절과 신사는 가족, 친지와 함께 참배 온 사람들로 넘쳐난다.

하나미 花見 3월 말~4월 초
벚꽃이 피는 시기가 가까워지면 TV 일기예보는 벚꽃 개화 상태를 알리느라 분주해진다.

산노 마쓰리 山王祭 6월 15일 전후
에도 3대 마쓰리 중 하나로 히에진자의 신사대제. 대형 장식 가마를 메고 도쿄 중심가를 행진한다.

세쓰분 節分 2월 3~4일
긴 겨울을 마감하고 봄의 시작을 알리는 날. 많은 사람들이 절에 모여 콩을 뿌리며 "행운은 안으로, 귀신은 밖으로"를 외친다.

간다 마쓰리 神田祭 5월 15일 전후 주말
작은 신사 모양의 건물을 장식한 수십 개의 가마를 메고 신사 주변을 행진하며 장관을 연출한다. 에도 3대 마쓰리 중 하나다.

스미다가와 하나비 다이카이 隅田川花火大会 7월 마지막 주 토요일
도쿄 최대 규모의 불꽃놀이 대회. 불꽃 제작 회사들의 작품 경연이 압권으로, 2만 발의 불꽃이 도쿄의 밤하늘을 수놓는다.

도쿄국제영화제 東京国際映画祭 10월 말
일본의 대표적인 영화제로, 약칭은 TIFF. 10월 말에서 11월 초에 개최된다. 롯폰기 힐스와 시부야 분카무라가 메인 무대다.

도쿄 완다이 하나비사이 東京湾大華火祭 8월 중순
도쿄만의 하루미[晴海] 부두에서 개최되는 한여름 밤의 불꽃 축제. 바다 위에서 약 1만 2000발의 불꽃을 쏘아올린다.

아사쿠사 삼바 카니발 浅草サンバカーニバル 8월 마지막 주 토요일
1981년에 시작된 일본 최대 규모의 삼바 카니발. 단순한 퍼레이드가 아니라 실력을 겨루는 콘테스트장이다.

일본의 공휴일

1월 1일 설날
1월 둘째 주 일요일 성인의 날
2월 11일 건국기념일(초대 천황 즉위일)
3월 21일경 춘분(역대 천황 제례)
4월 29일 쇼와의 날(쇼와 천황 탄생일)
5월 3일 헌법기념일
5월 4일 녹색의 날
5월 5일 어린이날
7월 셋째 주 월요일 바다의 날
9월 15일 경로의 날
9월 23일경 추분(천황 제례)
10월 둘째 주 월요일 체육의 날
11월 3일 문화의 날(메이지천황 탄생일)
11월 23일 근로 감사의 날
12월 23일 천황탄생일

도쿄는 꿈맛

초판 1쇄 2011년 1월 17일
초판 2쇄 2011년 4월 14일

지은이 허안나
발행인 양원석
편집장·기획 우현진
진행 송혜진
디자인 김효진
교정·교열 허지혜
영업마케팅 김성룡, 백창민, 윤석진, 김승헌

펴낸 곳 랜덤하우스코리아(주)
주소 서울시 금천구 가산동 345-90 한라시그마밸리 20층
편집 문의 02-6443-8891
구입 문의 02-6443-8838
홈페이지 www.randombooks.co.kr
등록 2004년 1월 15일 제 2-3726호

ISBN 978-89-255-4130-3

ⓒ 허안나 2011

* 이 책은 랜덤하우스코리아(주)가 저작권자와의 계약에 따라 발행한 것이므로
  본사의 서면 동의 없이는 책의 내용을 어떠한 형태나 수단으로도 이용하지 못합니다.

* 잘못된 책은 구입하신 서점에서 바꾸어 드립니다.
* 이 책의 정가는 뒤표지에 있습니다.